SPORTS SERIES

わかりやすい

卓球のルール

白川誠之 監修

成美堂出版

はじめに

私は目にも止まらぬ速さと回転をしている白球に立ち向かい、そのラリーの結果に正しい判定を下す卓球審判員の高い能力に敬意を払う1人ですが、いよいよ卓球競技にも人間の能力を超えるビデオ判定が採用され始めました。ある新聞に、「Tリーグの試合にビデオ判定が採用され、観客はもとより選手にも大変好評だった」との報道がありました。

卓球は道具を使って競技するスポーツのため、その道具の進歩により、それまで決めたルールでは対応ができなくなってしまうことがあります。また、スポーツは実際に楽しむばかりではなく、テレビなどが発達して、見て楽しむ要素がますます強くなっています。競技をする側からのルールばかりではなく、見る人の側からルールを改定する場合も発生しています。

　このような背景もあって卓球のルールの一部が、毎年開催される国際卓球連盟の総会あるいは理事会で、何らかの理由から改定が行われています。この国際卓球連盟のルール改定を受けて日本卓球のルールも日本独自の検討を加えて変更に至るわけですが、卓球愛好者には「今、何が正しいルールなのか」と悩んでしまうことも多々あるのではないかと想像してしまいます。

　読者の皆様には、本書で使用している豊富な写真・イラストを通して、「新しい」「正しい」ルールについて、より一層のご理解を深めていただければ幸いです。

白川 誠之

わかりやすい卓球のルール

CONTENTS

PART4 ダブルスのルール

PART5 審判員の役割とルール

STAFF
◎制作・編集
株式会社多聞堂
◎撮影
勝又寛晃
◎写真
日本卓球株式会社
◎イラスト
庄司 猛
◎デザイン
田中図案室
◎取材協力
日本卓球株式会社
◎企画・編集
成美堂出版編集部

PART 1

卓球の用具

JTTAの公認マークとメーカー名の刻印があるラケットを使用する

表面は片面を赤に もう一方を黒にする

ラケット本体（木部・ブレード）には、ＪＴＴＡ（日本卓球協会）の公認マークと、メーカーの商標か会社名を表す刻印（または焼印）が確認できるものであれば使用できます。また、公認マークがついていないような外国製でも、規格に合致していると審判長が認めれば問題はありません。本体の大きさには制限はありません。表面はラバーの有無にかかわらず、片面が赤、片面が黒でなければなりません。ラバーは、日本卓球協会あるいは国際卓球連盟が公認したものならば問題ありません。

ラバー

ラバーの両面は、赤と黒の組み合わせにしなければならない。黒・黒、赤・赤など、同色はルール違反となる

ラケットの本体

ラケット本体（ラバーを貼る木の部分）は、大きさや形、重さは自由だが、厚さは均一で、表面は平坦で硬質である必要がある。材質は、85％以上が天然の木でなければならない

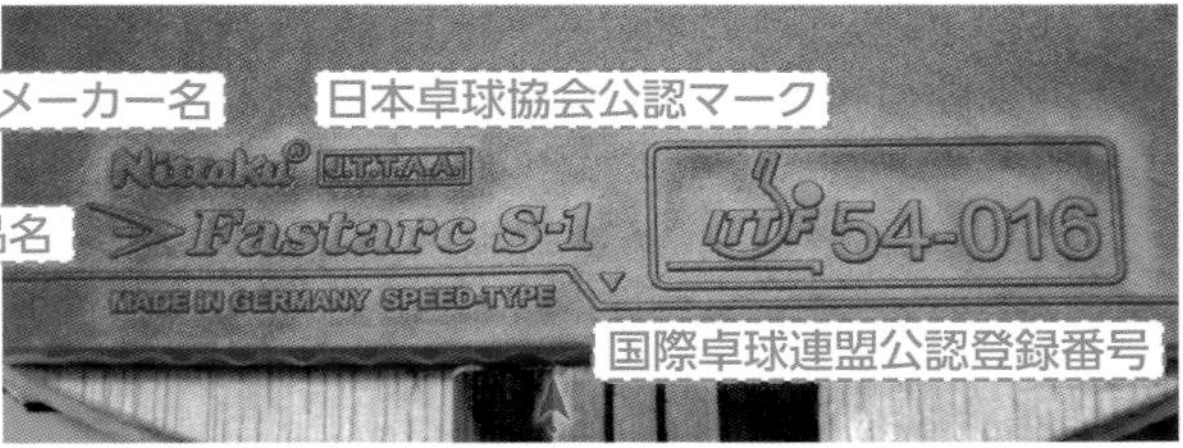

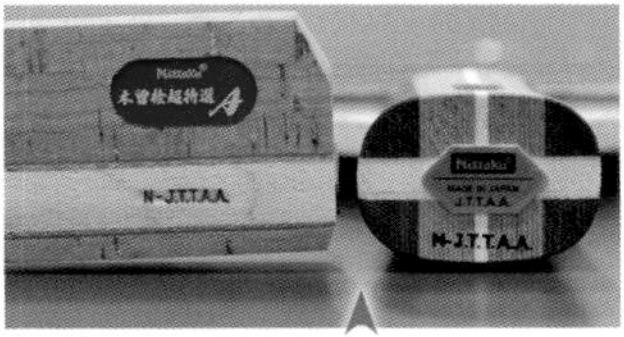

POINT!

使用できるラケットは、グリップに日本卓球協会の公認マーク「JTTA」or「JTTAA」(もしくは国際卓球連盟「ITTF」)と、メーカーの商標または会社名が刻印、あるいは焼印されているもの

公認マークと製造業者の商標または会社名があれば、ラケットを削ったり自由に加工をしてもいい

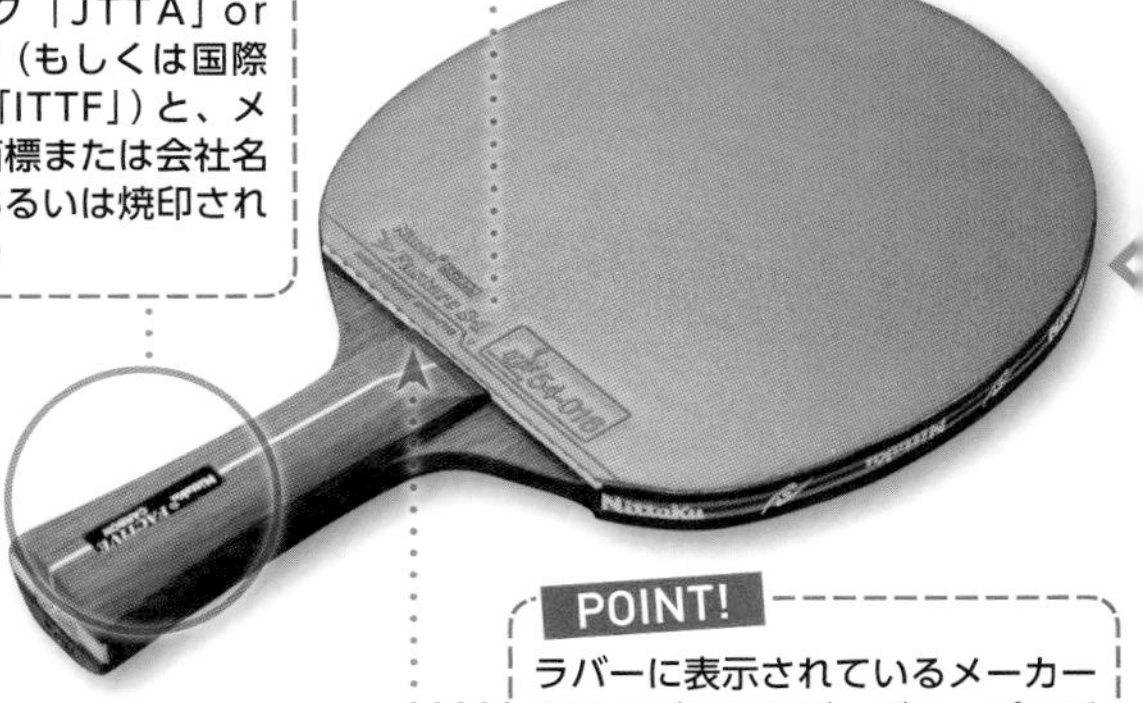

POINT!

ラバーに表示されているメーカー名および商品名が、グリップの近くになるようにラバーを貼る

ラバーは平らにして均一の厚さになるように貼る

ラバーの厚さは接着剤を含めて規定内におさめる

ラバーは、ラケットの全面にわたって平らになるように貼らなければなりません。接着剤を使用しますが、全体が均一の厚さになるようにしましょう。ラバーには「裏ソフト」「表ソフト」「ツブ高」「一枚ラバー」など、いくつかの種類があります。ラバーによって厚さの規定があり、スポンジ層のある「裏ソフト」と「表ソフト」は接着剤を含んで厚さ4㎜が限度です。スポンジ層のない「ツブ高」や「一枚ラバー」の場合は、接着剤を含んで厚さ2㎜が限度となっています。

裏ソフトラバーの特徴

ボールとの接触面積が広いので、スピンがかけやすいのが裏ソフトラバーの特徴。厚さは接着剤などを含んで4㎜以下を目処にする

表ソフトラバーの特徴

ボールとの接触面積が小さいので、相手のボールの回転に影響を受けにくいのが表ソフトラバーの特徴だ。厚さは接着剤などを含んで4㎜以下を目処にする

ツブ高ラバーの特徴

ボールを打ったときにツブが変化し、ボールの回転に影響されにくいのがツブ高ラバーの特徴だ。厚さはスポンジ層がない場合には接着剤などを含んで2㎜を目処に、スポンジ層がある場合には4㎜以下とする

JTTAが公認した接着剤でラバーを貼る

揮発性有機溶剤など性能向上接着剤は禁止

ラケットにラバーを貼りつけるには接着剤を使用しますが、揮発性有機溶剤（VOC）を含まない、JTTAが公認した接着剤のみ使用できます。

ラバーを貼るときは、ラケットの外周いっぱいに、大きすぎず、小さすぎないように。基準はありませんが、2㎜を目処に、はみ出さないように注意します。

ラケットのサイドには、本体やラバー保護のためにテープを貼っても構いません。

NG 揮発性の有機溶剤は使用禁止!

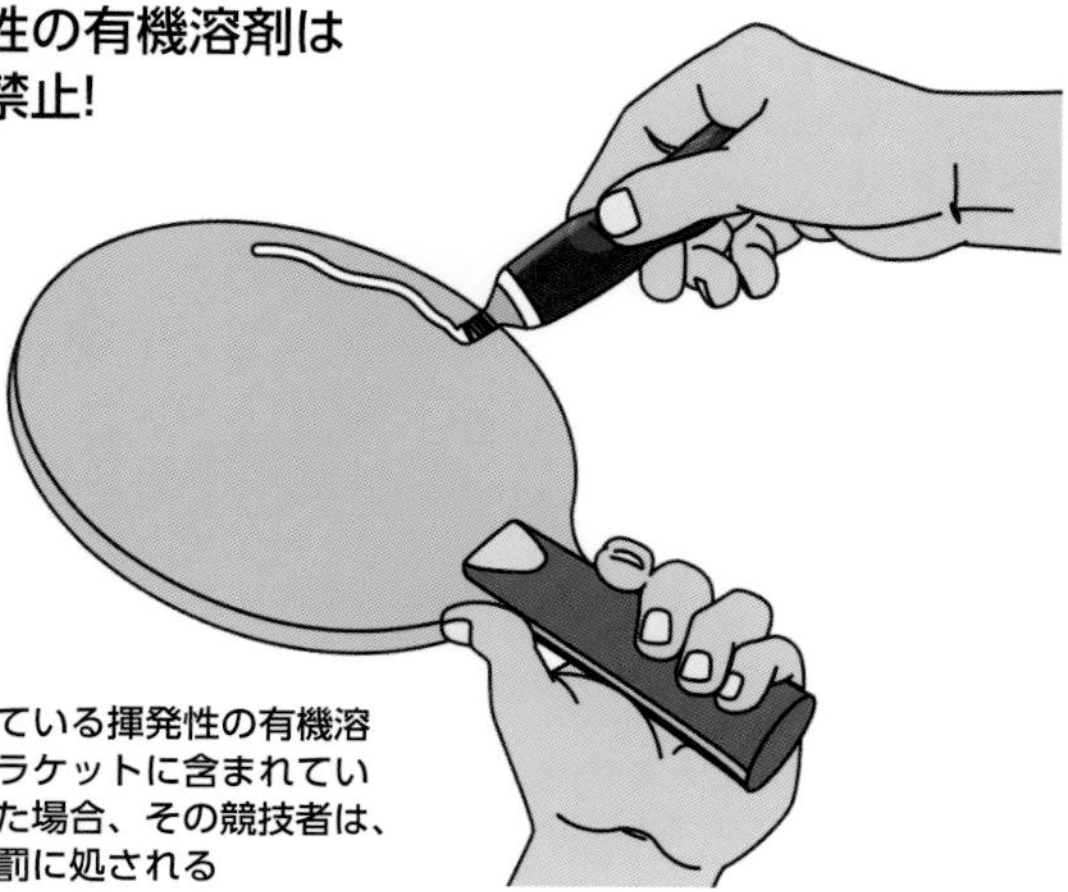

規則で禁止されている揮発性の有機溶剤が、使用したラケットに含まれていることが判明した場合、その競技者は、失格を含めた厳罰に処される

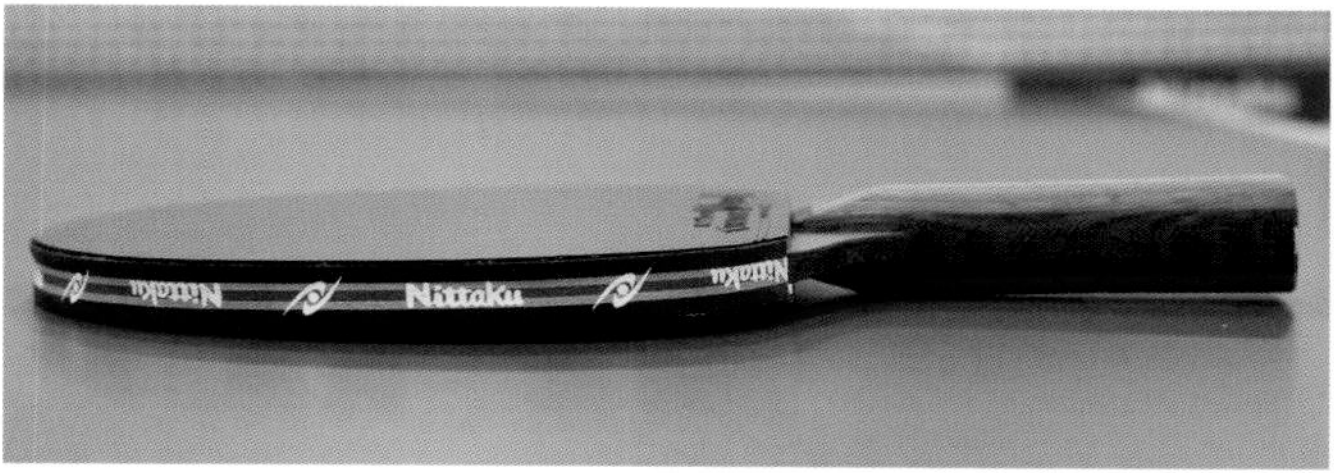

ラケット本体やラバーの保護のためにサイドテープはOK!

ラケット本体やラバーを保護する目的で、ラケットのサイドにテープを貼っても構わない。外周いっぱいに貼ることも、一部だけに貼るのでも問題はない。テープの幅は、貼ったときにラバーよりはみ出さないことが条件になる

POINT!

テープの材質は、光を反射しないテープ状のものであれば問題ない。鉛など金属製のテープの使用もOKだ

ラバーの接着は換気の良い場所で行う

シンナーを含む接着剤やラバークリーナーを使用して接着作業をするときは、換気の良い場所で行うようにしよう

NG 公認マークがついていない

ラバーやラケット本体、グリップに、JTTAが公認したマークとメーカーの商標または会社名の刻印がなければいけない。これらマークや刻印がないものは、審判長の承認があった場合のみ使用が認められる

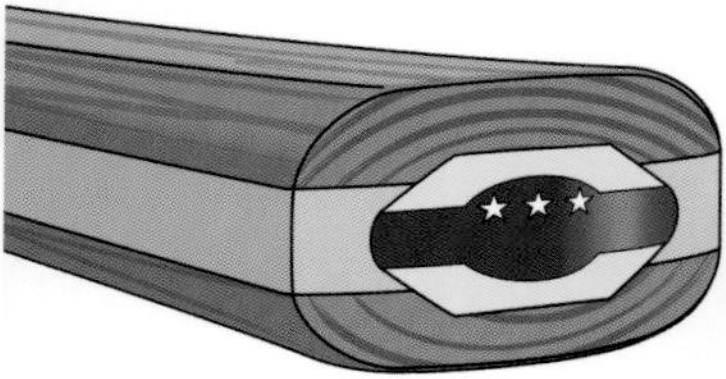

OK 公認マークがついている

NG ラケットの表面が凸凹になっている

ラケットの表面が、凸凹になっている場合は違反。ラケットの表面は平らでなければいけない。平坦性の許容限度は－0.5～+0.2㎜程度

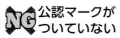

NG ラバーがラケットからはみ出ている

ラバーはラケットより大きすぎず、小さすぎない大きさでなければいけない。ラバーが極端にはみ出していると違反。その許容限度は2㎜程度

NG ラバーの厚みが規定を超えている

接着剤を含んだラバーの厚みが、明らかに規定を超えている場合は違反。ソフトラバーでは、4.0㎜が許容限度になる

NG ラバー表面の性能を変化させている

ラバー表面を物理的あるいは化学的処理で、その性能を変化させることは禁止。表ラバーの表面にチョークの粉末を付着させることも違反となる

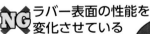

ペンホルダーは裏側をラバーと反対色にする

市販のフェルトペンで塗ってもOK

ペンホルダーは、裏側をラバーと反対の色にしなければならないという規定があります。

裏側が全面コルクのものは、そのコルク面を赤か黒にしましょう。色を塗るときは、光が反射しなければ、市販のフェルトペンなどで塗ってもOKです。

また、裏面にラバーを貼って使うときは、着色はせず規定に沿って公認のラバーを使うようにしましょう。ラバーが貼っていない側での打球はミスとされます。

ラケットの裏側が木や全面コルクの場合

ラケットの裏側が木の場合は、ラバーと反対の色に塗ること。メーカーから出ているカラーシートを使用しても、自分で塗ってもOK。全面コルクの場合も同じ

POINT!

ペンホルダーは裏側をラバーと反対の色（ラバーが赤色のときは黒色、ラバーが黒色のときは赤色）に着色しなければいけない。着色していない場合は違反になる

ラケットの裏側が半月形コルクの場合

半月形コルクの場合は、木の板の部分だけをラバーと反対の色にする。コルクの部分はグリップ扱いになるため、そのままでOK

ラケットの裏面にラバーを貼る

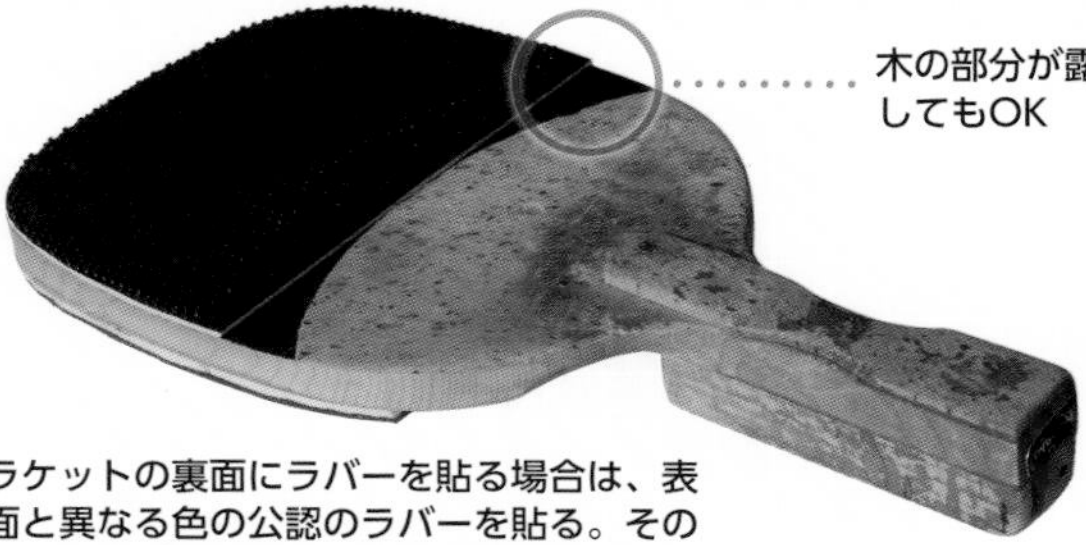
木の部分が露出
してもOK

ラケットの裏面にラバーを貼る場合は、表面と異なる色の公認のラバーを貼る。そのとき、裏が半月形のコルクの場合は、ラバーの一部がコルクに接するように貼ること。左右に木の部分が露出していても構わない

直径40㎜、白色またはオレンジ色のボールを使う

両選手が使用したいボールを選択する

ボールは日本卓球協会が公認した3つ星ボールを使用します。直径40㎜で白色またはオレンジ色です。

試合で使用するボールは、試合前に選手が選びます。コートに入る前に、定められた場所で各選手がそのボールを選び審判に渡し、審判は選手から受け取ったボールの中から任意に選んで選手に手渡し、そのボールで試合を開始します。

選手がボールを選ばないでコートに来た場合は、審判が任意に選んだボールで試合を行います。

ボールの規格

POINT!

3つ星（スリースター）は、国際卓球連盟が公認したボールを意味する

試合球を選ぶ手順

試合前に各選手が定められた場所で
ボールを選択

▼

選手が選ばないでコートに来た場合は、
審判が選ぶ

▼

両選手が審判にボールを渡す

▼

審判は受け取ったボールの中から
使用球を任意に一つ選ぶ

選手が選んだボールが
異なるブランドの場合には、
選手がジャンケンで選んだボールを採用する

※審判が選んだボールを選手が拒否するとバッドマナーとなる

POINT!

公認球は
プラボール

2014年7月より、ボールの材質がセルロイド以外のプラスチックからなる「プラボール」が、公認球に加わった。2019年現在では、20種類以上の日本卓球協会公認ボールはすべてプラボールである

半袖シャツの色は ボールの色と違うものを

相手選手と同じ デザインは変更が必要

ユニフォームは通常、半袖シャツ、下はショーツかスカート、靴下、シューズを着用します。半袖シャツの主たる色はボールの色と同じであってはいけません。シャツの色の可否の判断は審判長が行いますが、袖などに赤色の公認ワッペンがついているシャツは、審判長の判断なしに白いボールで競技に使用できます。

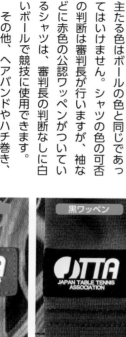

その他、ヘアバンドやハチ巻き、リストバンドなども着用可能です。相対する選手同士がまったく同じシャツやパンツの場合は、変更する者をジャンケンで決めます。

公認ワッペンがついたユニフォームを着用

公式競技では、公認ワッペンがついたユニフォームを着用する。JTTA公認ワッペンは、白・黒・赤の３種類がある。赤ワッペンは白ボールでの競技に使用できるが、その他のワッペンでは審判長の判断で白ボールでは使用できない場合があるので注意する

ユニフォームの規定

半袖シャツとノースリーブシャツ

上着は半袖シャツだけでなく、ノーネック、ノースリーブ、タンクトップでも構わない。競技場内が寒いとき、あるいはケガや宗教的な理由で、長袖を着用する場合は審判長の許可が必要になる

時計やリストバンド、ネックレス

時計やリストバンド、ネックレス、指輪などの装飾品の着用は、相手選手からのクレームが出された場合に、審判長がその着用の可否を決める

ショーツとスカート

ショーツやスカートの公認の基準は、ヒザが見える程度の長さ。したがって、ヒザが見えていればハーフパンツも公認される

ヘアバンド・ハチ巻き

頭に着用するヘアバンドやハチ巻きなどは、メーカー名の大きさが12㎠以内であれば着用OK

背中にゼッケンをつける

日本卓球協会に登録した姓、都道府県名、段位、登録団体名などを記入する。審判や対戦相手に見えやすい文字で書き、ユニフォームに安全ピンで取りつける。取りつける位置は背中の高い位置とする

POINT!

公認が受けられないデザインとは

服装のデザインは、政治的な表現あるいは公序良俗に反するデザインのものは公認が受けられない

NG 公認マークのワッペンがついていない

「JTTA」の公認マーク（22ページ）がついていないユニフォームは、公式戦で着用することができない

NG 対戦する相手選手とデザインがまったく同じはNG

対戦する相手選手と、明らかにまったく同じデザインのユニフォームを着てしまった場合、ジャンケンで負けた選手が変更しなければいけない。ただし、どこか一部でもはっきり異なる部分があれば着用は認められる

NG ダブルスまたは団体戦でチームメイトのユニフォームのデザインや色が違う

ダブルスや団体戦では、上下とも全員同じデザインのユニフォームでなくてはならない。ショーツの色が紺と黒など、多少色が違う程度なら審判長の判断により承認が得られることがあるが、同じペア・同じチームでデザインが異なる場合は認められない

ユニフォームの広告は面積が決まっている

広告は上着に前面と肩まで入れて、合計面積が600㎠までなら最大8個つけることができる。背面は3個までで、合計面積が400㎠以下。パンツは合計面積が80㎠以下で3個つけられる。広告はデザインなどを日本卓球協会に登録することが義務づけられる

テーブルの色は国内では グリーンかブルーが主流

名称とサイズ

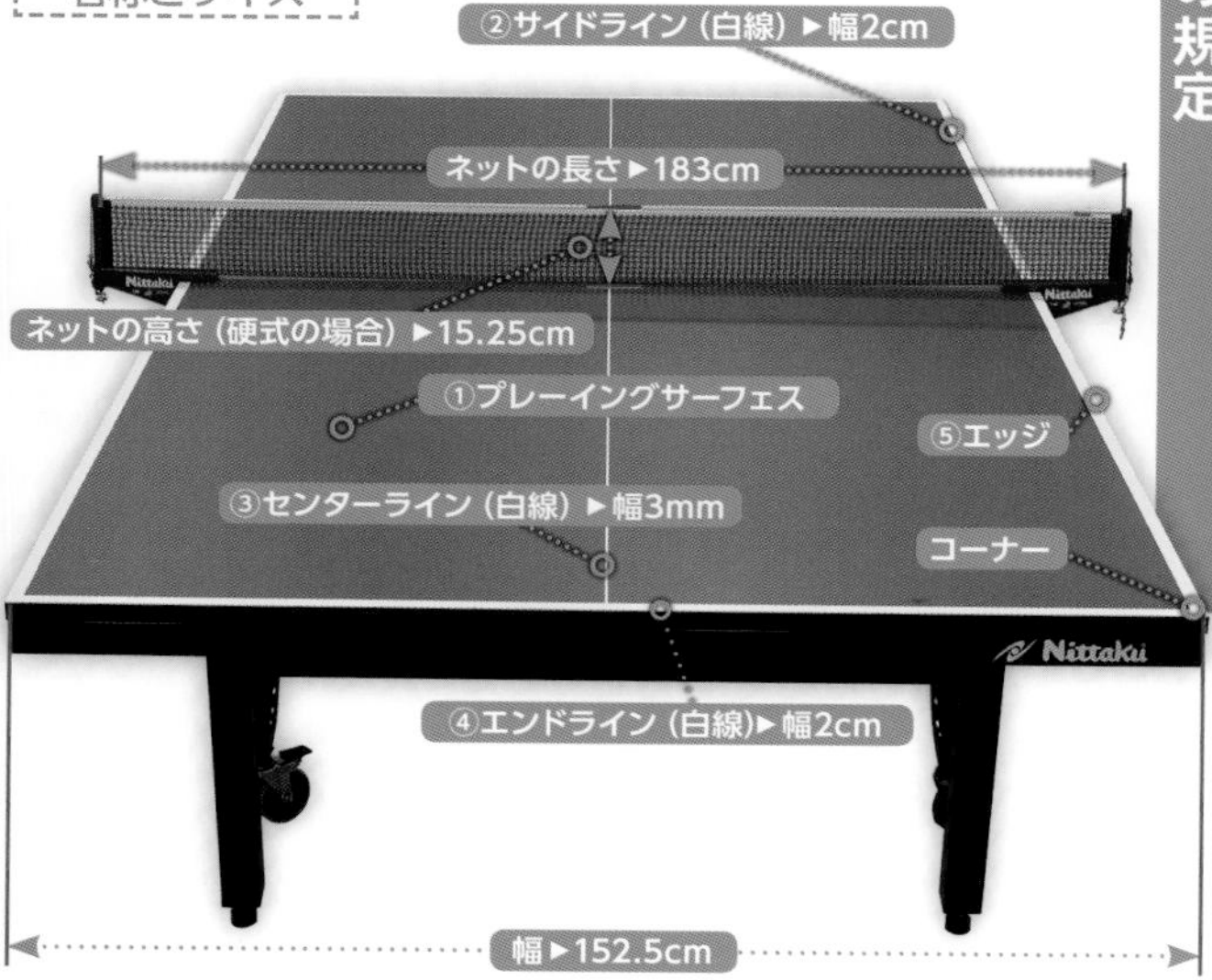

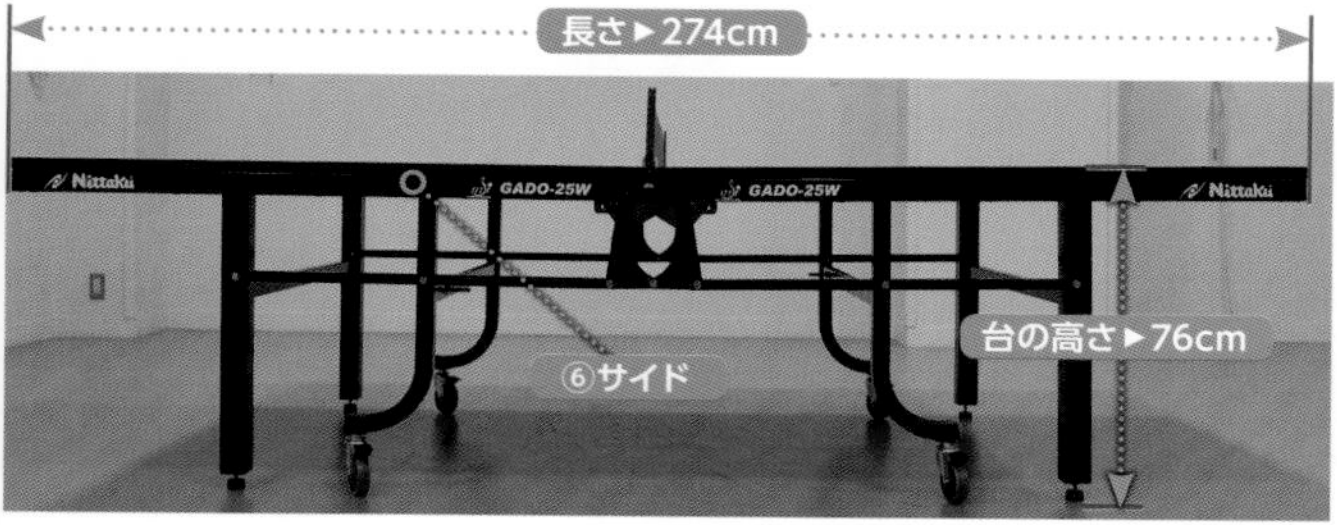

①プレーイングサーフェス
エッジとコーナーを含むテーブルコートの表面のことを指す。ボールが見やすい「無光沢の濃色」と規定されているが、国内ではほとんどグリーンかブルーとなっている

②サイドライン
コートの両側に引かれた幅2cmの白線を指す

③センターライン
両側のサイドラインと平行して、コートの中央に引かれた白線をセンターラインと呼ぶ
センターラインそのものは右側ハーフコートの一部とみなされる（幅3mm）

④エンドライン
コートの最後部に引かれた幅2cmの白線を指す
エンドラインは台を越えてそのまま左右両側に無限に続いているとみなされる

⑤エッジ
テーブル表面の角の部分を指す
エッジにボールが触れたときは有効になる

⑥サイド
コートの側面を指す
サイドにボールが触れたときは、その打球は無効になり、打った側のミスになる

ネットと吊りヒモ、支柱金具がネットアセンブリ

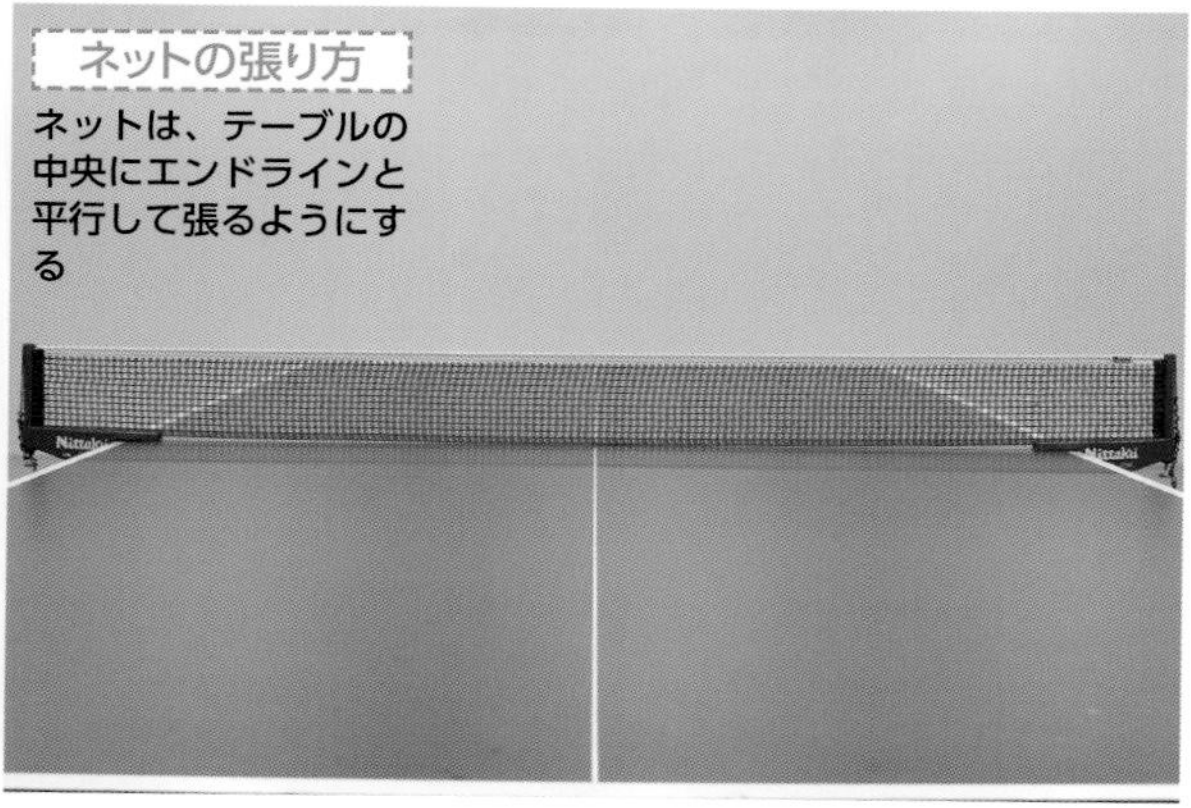

ネットの張り方

ネットは、テーブルの中央にエンドラインと平行して張るようにする

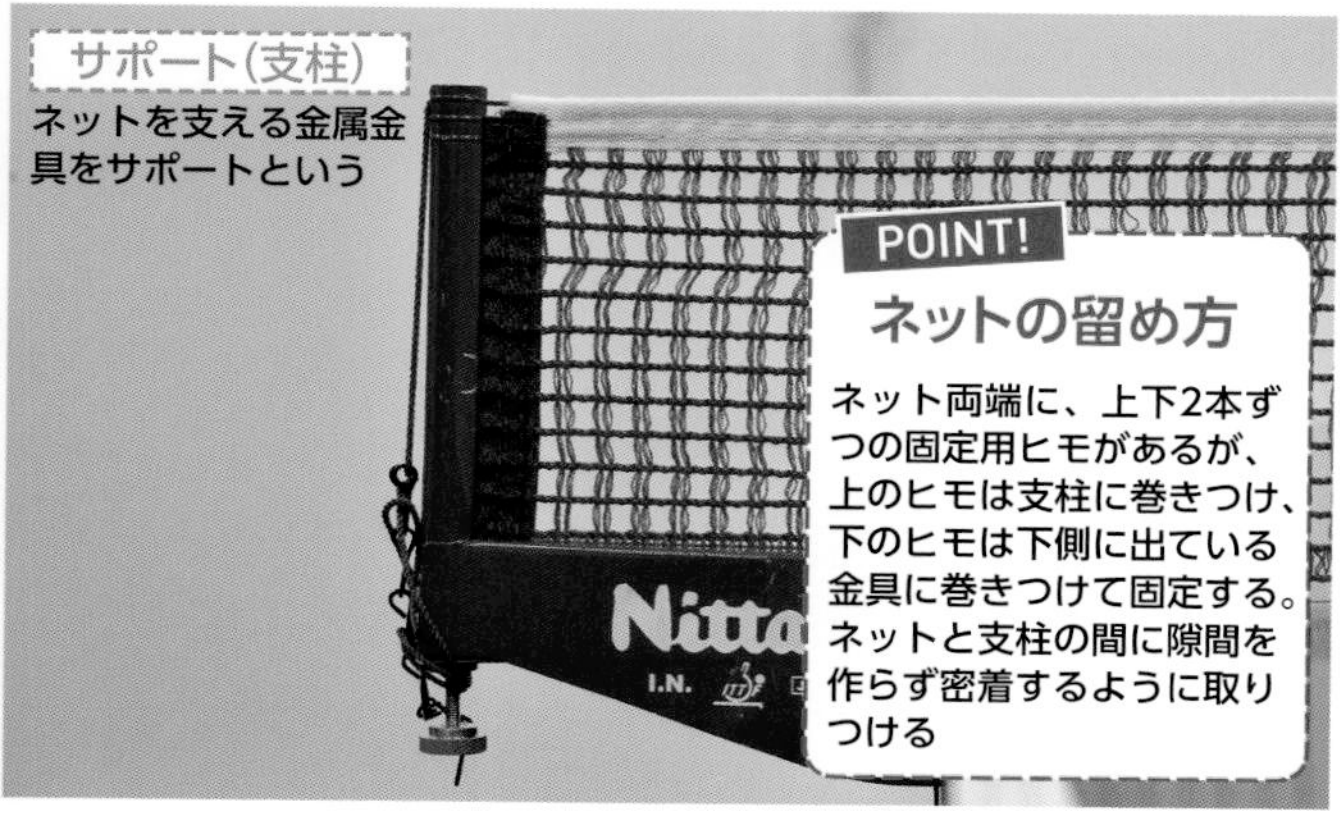

サポート(支柱)

ネットを支える金属金具をサポートという

POINT!

ネットの留め方

ネット両端に、上下2本ずつの固定用ヒモがあるが、上のヒモは支柱に巻きつけ、下のヒモは下側に出ている金具に巻きつけて固定する。ネットと支柱の間に隙間を作らず密着するように取りつける

ネットの高さの測り方

高さが15.25cmのネットハイ（プラスチックゲージ）を使用し、ネットの両端付近の高さが15.25cmになるよう調節する

ネットの張りの強さの調整

重量が100g、高さが14.25cmの専用テンションゲージを、ネットの中央部分に吊り下げたときに、ゲージの先端がテーブルに触れないようにネットの張りを調節する

張りの強さの規定

ネットの中央部に100gの荷重をかけたとき、ネット中央部が1cm以上下がらないこと

長さ14m、幅7m、高さ5m以上が競技をする領域

最低限確保する必要がある競技領域

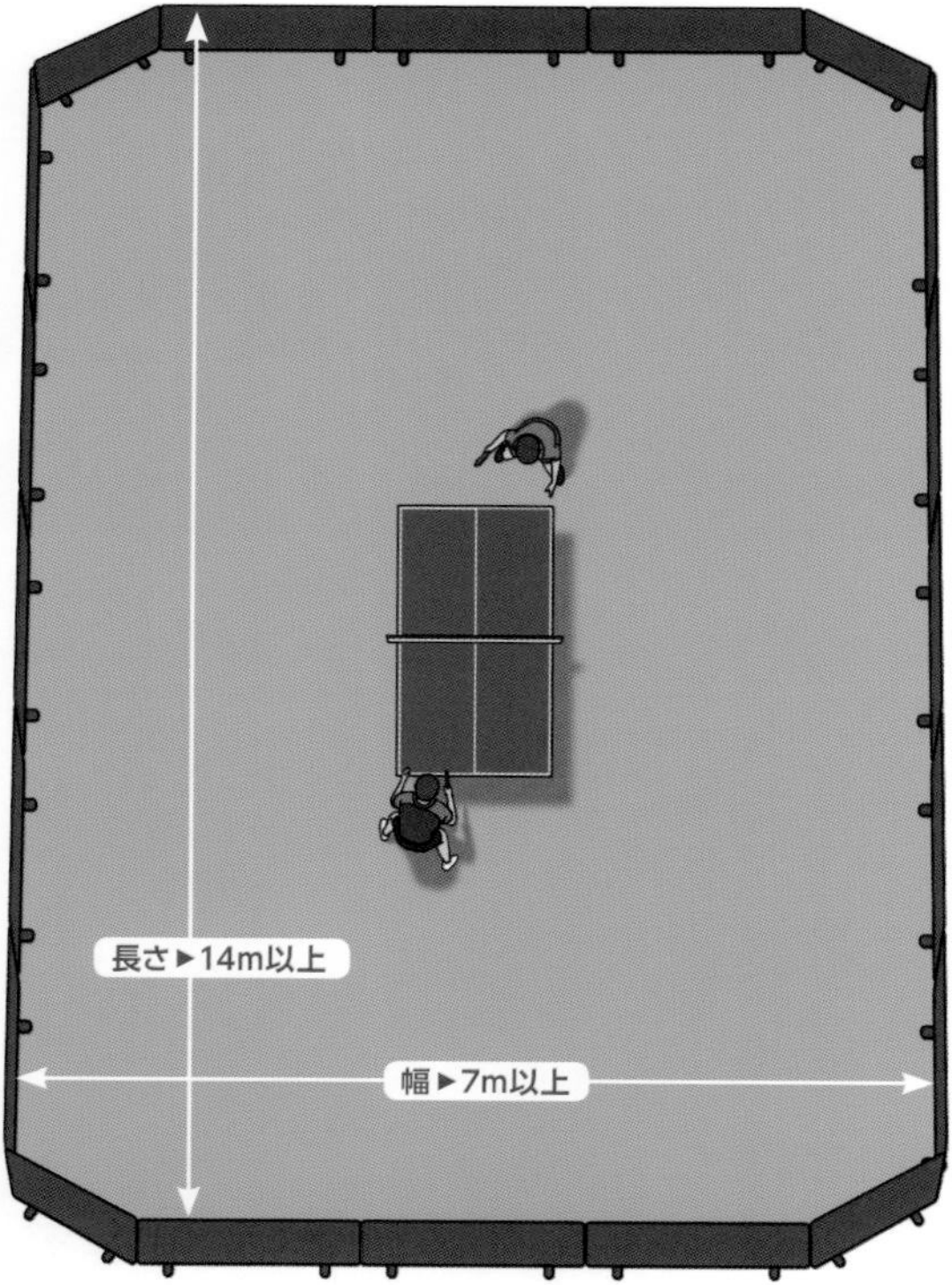

照明▶500ルクス以上の明るさ（テーブル上は1000ルクス以上）

競技領域の条件

①長さ14m、幅7m、高さ5m以上の長方形でなければいけない

②四隅は1.5m以下のフェンスで斜めに囲むことができる

③隣接する競技領域、観覧席から高さ約75㎝（または約50㎝）の均一で濃色のフェンスで区切らなければいけない

④競技領域内の明るさはテーブル上で1000ルクス以上
その他の競技領域内は500ルクス以上でなければいけない

⑤スマッシュなどが遠くに飛んで競技領域の外に出た場合、フェンスを越えて外に出て返球に成功した場合は有効になる

⑥フェンスにつける広告は、使用するボールの色と異なる2種類まで
大きさは高さ40㎝以内と決められている
ただし、横方向の大きさは自由

囲むためのフェンス

column

オリジナルデザインの用具の公認方法

ルールに適合すれば 公認指定を得る可能性も

プロ卓球選手の四元《よつもと》奈《な》生《お》美《み》選手が、自分でデザインした服装で公式大会に出場した例がありますが、自分でデザインした服装や考案したラケットを試合で使いたいと考えた人は多いのではないでしょうか。

しかし、試合に使用する競技用の服装やラケットは（公財）日本卓球協会（JTTA）が公認したJTTAマークがついたものしか許可されないことになっています。オリジナルデザインをどうすれば公認してもらえるか、その方法を紹介します。

（公財）日本卓球協会（JTTA）の規定では、JTTAの公認を受けられるのは、JTTAから「公認用具指定業者」として承認を受けた企業のみとされています（「公認用具指定業者」についてはJTTAのホームページなどで確認してください）。そこで、この「公認用具指定業者」にオリジナルデザインの用具の公認手続きを代行してもらうことで、公認指定を受けられる可能性があります。用具公認項目の中に「特注ウェア」「特注ラケット」という項目がありますので、その制度を適用してもらえば良いのです。もちろん、ルールに適合しているものであることが条件です。

PART 2

基本のルール

開始前に試合球、サービスの順序とエンドを決める

2分間の練習後に試合が開始される

試合開始前に、選手はゼッケンをつけ、半袖・ショーツかスカートの格好でコートに入ります。主審は名前と所属を確認し、用具の確認を行います。次に、お互いのラケットを選手に調べさせた後、ジャンケンをして、勝ったほうが使用するボールを選びます。ジャンケンをして勝った者は、①サービス②レシーブ③コート（エンド）のうちどれかを選び、負けた者は、勝った者が選ばなかったいずれかを選択します。その後、2分間の練習を経て試合開始です。

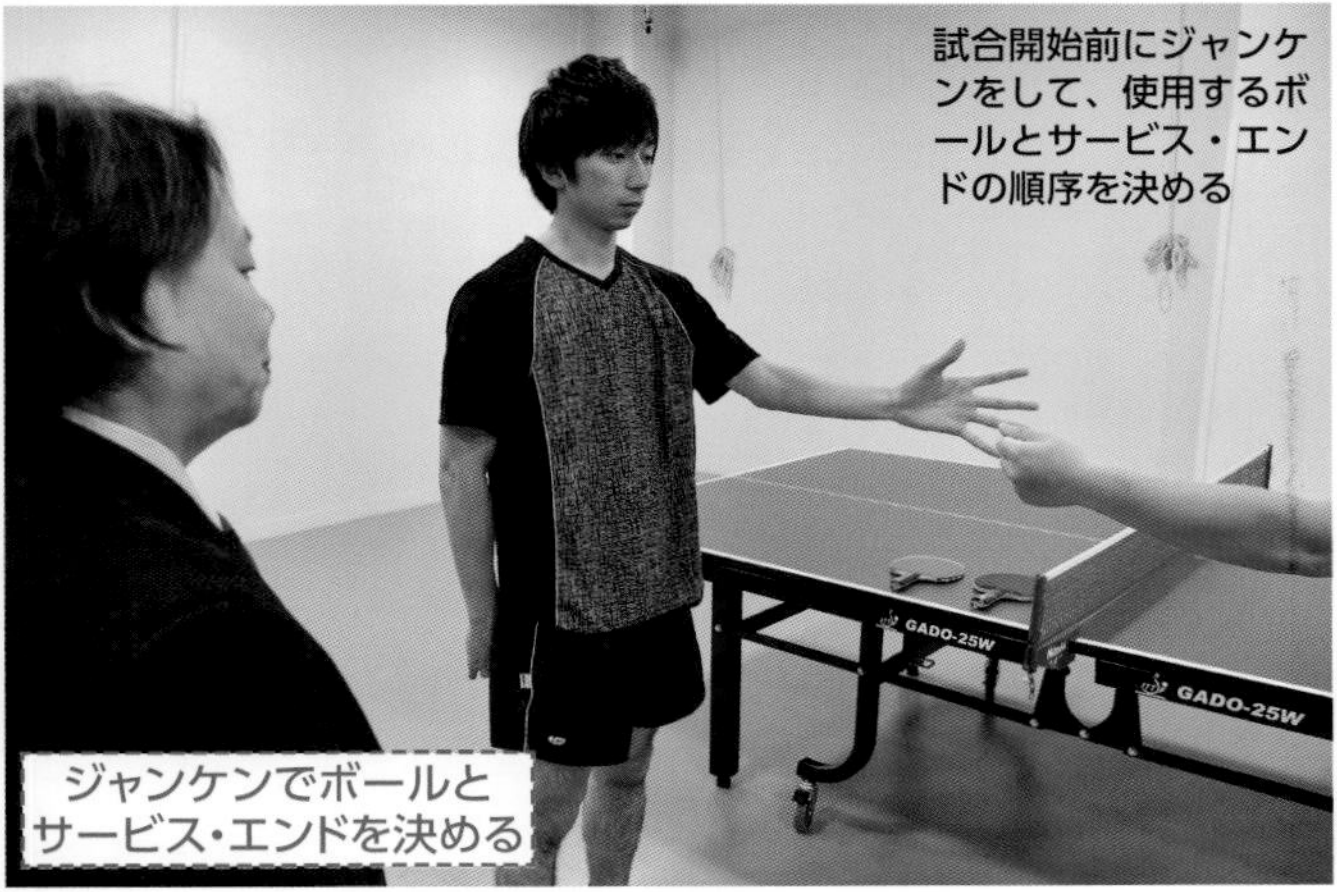

試合開始前にジャンケンをして、使用するボールとサービス・エンドの順序を決める

ジャンケンでボールとサービス・エンドを決める

試合を開始するまで

選手がコートに入る
（ゼッケンを背中の上部につけ、半袖・ショーツかスカートの格好）

▼

主審が選手の名前・所属・用具を確認

▼

両選手がお互いのラケットを見せ合う
（ラバーの感触などを調べてもよい）

▼

ジャンケンをして勝ったほうが
試合で使用するボール（メーカー）を選ぶ
（海外ではジャンケンではなくコイントスが多い）

▼

再度ジャンケンをして
サービスの順序とエンド（試合コート）を決める

▼

2分間、練習をする
（1分経過後、チェンジコートしてもよい）

▼

2分経過したら
主審が練習を終了させて
試合を開始する

11点先取した側が1ゲームを獲得できる

10《テン》オールになったら 2点リードでゲーム獲得

卓球では1試合を1マッチといいます。1マッチは3ゲーム、5ゲーム、7ゲームのいずれかで構成され、5ゲームマッチでは3ゲーム、7ゲームでは4ゲームと、過半数のゲームを先に取った側が試合の勝者になります。

11点先取で1ゲームを取ることができます。もし10対10になったときは「10オール」となり、得点をそのまま数えて、2点リードしたほうがゲームを取ります。サービスは2本ごとに交替しますが、10オールになったら、1本ごとになります。

ゲームを過半数取ると試合の勝者になる

1マッチ（1試合）の勝敗

◎3ゲームマッチ　▶2ゲーム先取で勝利
◎5ゲームマッチ　▶3ゲーム先取で勝利
◎7ゲームマッチ　▶4ゲーム先取で勝利

団体戦の場合

構成されるマッチ数の過半数のゲームを先取したチームが勝利となる

※卓球競技では「セット」の呼称は使用せず「ゲーム」と呼ぶ

11点先取で1ゲームが取れる

11点先取で獲得できる

10オール(10対10)になった場合

▼

得点をそのまま数え、2点リードしたほうが1ゲーム獲得できる

サービスを打つときは フリーハンドを静止させる

エンドラインより後ろで構え 台の表面より上で打つ

サービスを打つときは、フリーハンド（ボールを乗せている手の手首から先の部分）を静止させ、ボールがエンドラインより後ろで、かつプレーイングサーフェス（台の表面）より上にある状態で構えなければいけません。フリーハンド自体の位置は自由です。指をつけて閉じていても、開いてバラバラでも構いませんが、手のひらを平らにしてボールが自由に転がる状態で、指ではなく手のひらの中央部分にボールを乗せていなければなりません。ラケットの位置は自由です。

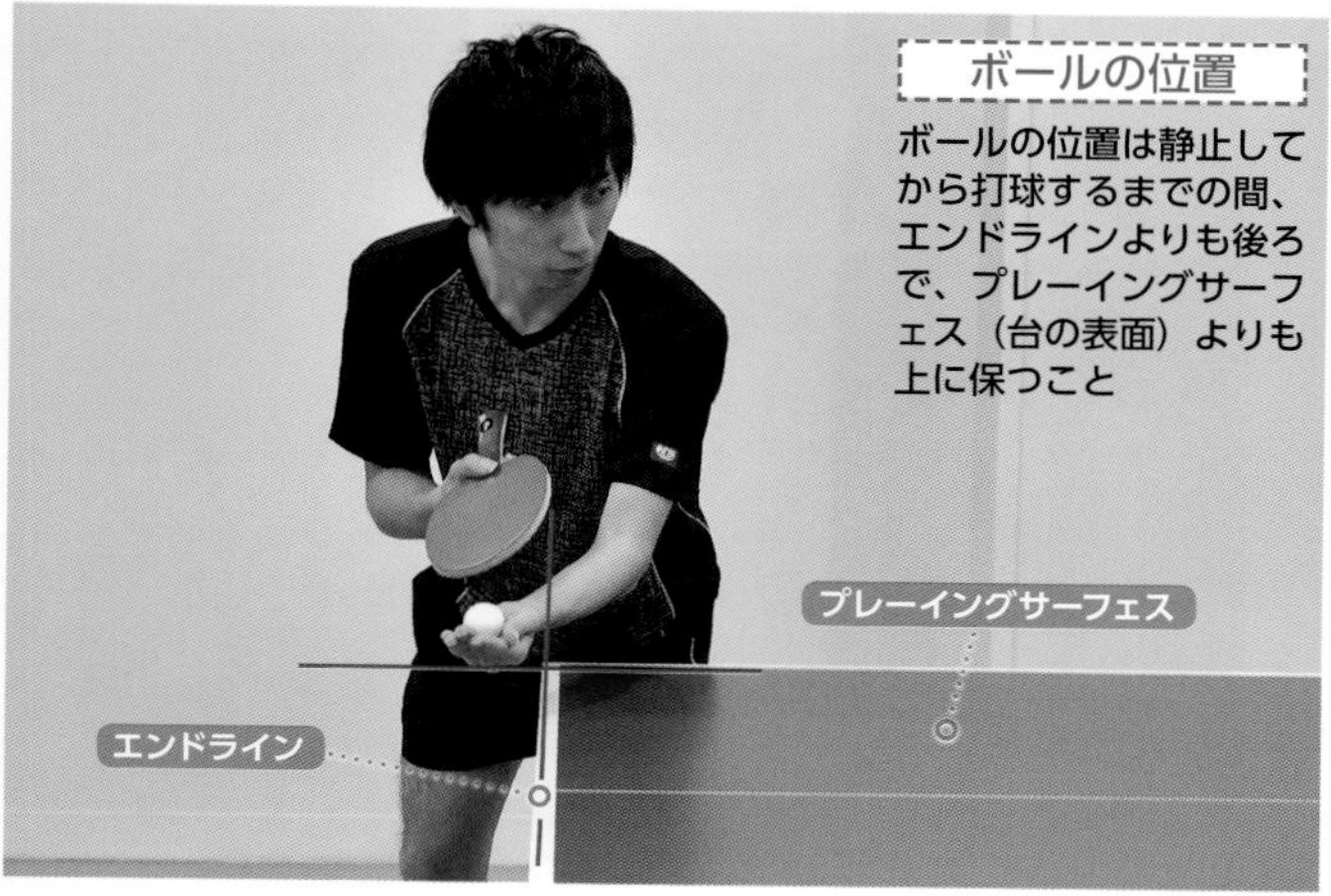

ボールの位置

ボールの位置は静止してから打球するまでの間、エンドラインよりも後ろで、プレーイングサーフェス（台の表面）よりも上に保つこと

OK ボールは手のひらの上で自由に転がる状態にしておく

NG 手のひらでボールをつかんではいけない

NG 指にボールを置いてはいけない

バッドマナーにならないように注意する

ルールを守って正しくサービスを打とう

サービスを打つときには、いくつかのルールを守らなければなりません。38ページでも解説しましたが、構えたときのボールの位置や、ボールを投げ上げるときのルール、ボールを相手から隠す行為の禁止などがあります。

他にも、サービスをいったん静止してから始めないと「フォールト」になったり、ボールを台に頻繁に突く行為は「バッドマナー」となり警告の対象となります。

いくつかのサービスのルールをしっかり覚えておきましょう。

OK サービスは一度静止して構えてから打つ

サービスはいったん静止して構えてから打つこと。やり直すことは構わないが、そこでもう一度静止してから始めないと「フォールト」になる

NG ボールがエンドラインより中に入って構えるのはNG

構えたとき、ボールを上げるときに、ボールがエンドラインより中に入って構えるのはNG

OK フリーハンドは中に入っても問題ない

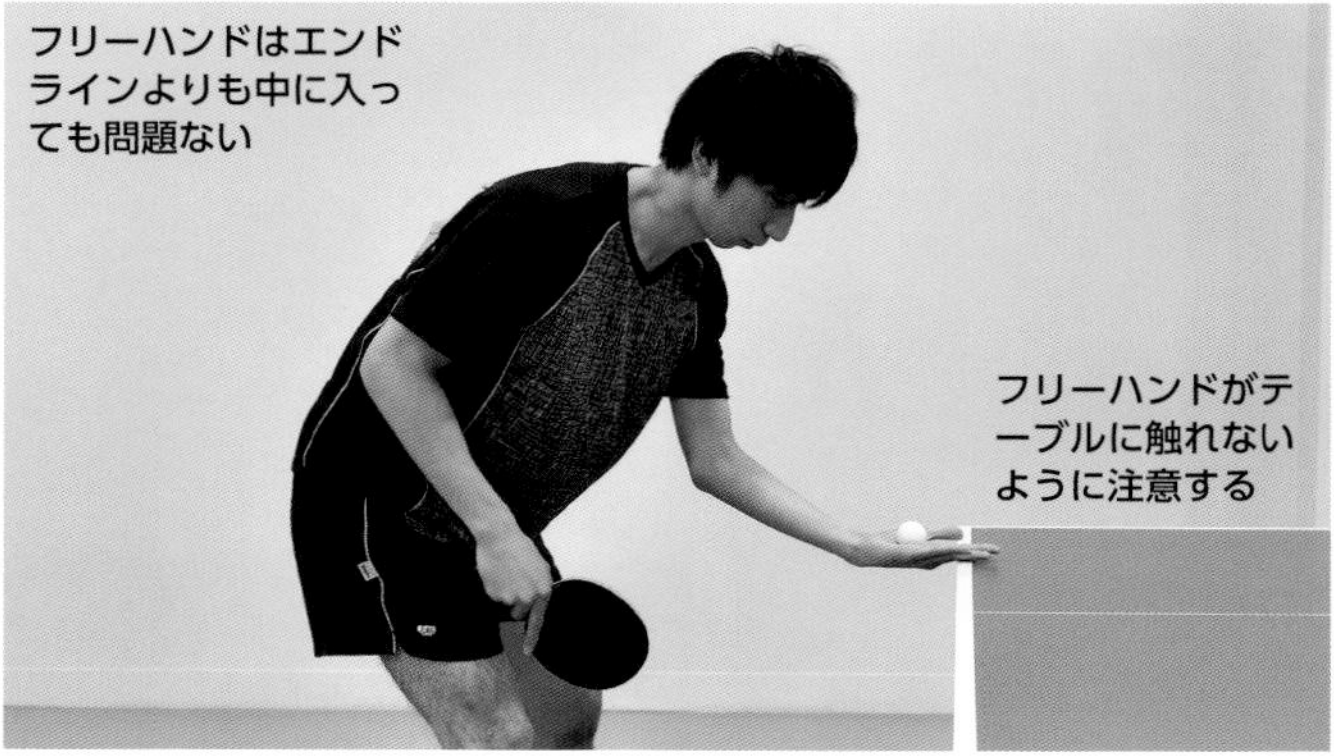

フリーハンドはエンドラインよりも中に入っても問題ない

フリーハンドがテーブルに触れないように注意する

OK 相手にボールが常に見えているようにする

構えのときに、相手となるレシーバーにボールが常に見えているようにしなければならない

NG テーブルの下にボールを隠してはいけない

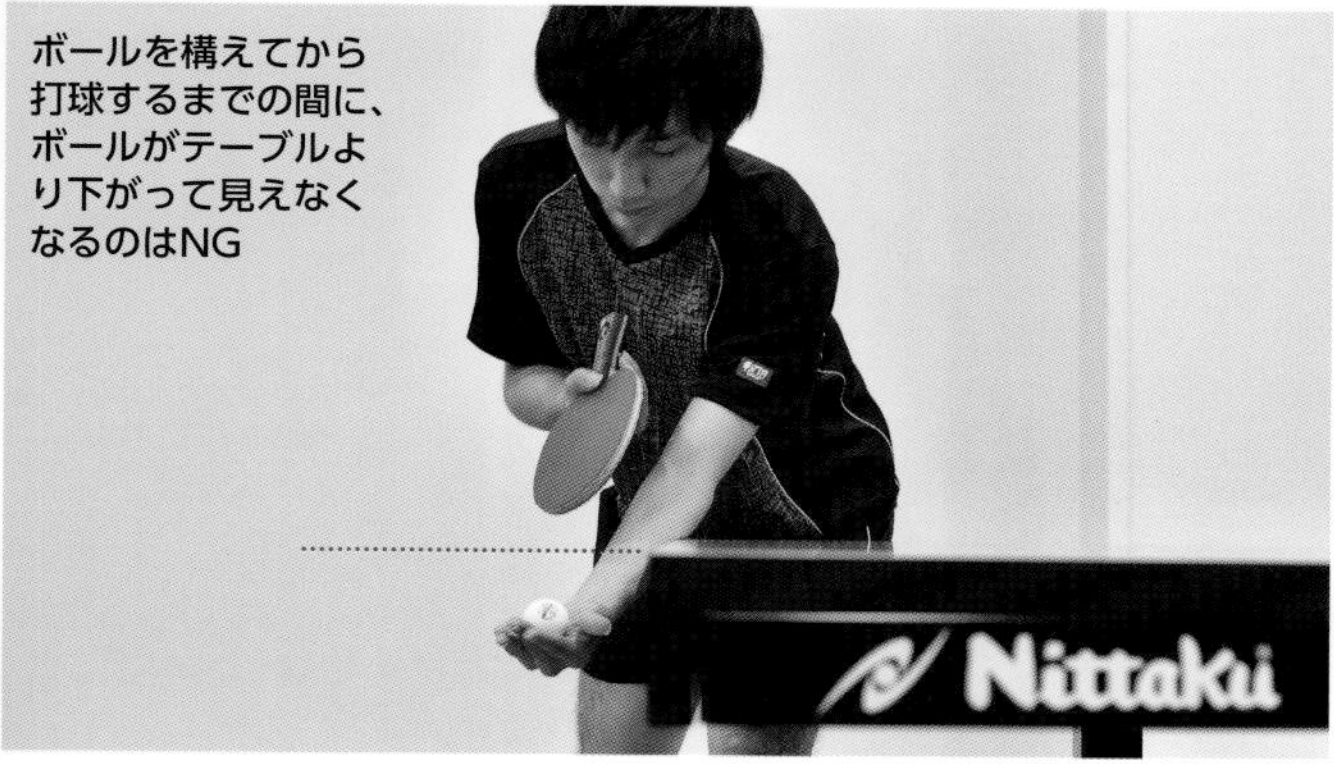

ボールを構えてから打球するまでの間に、ボールがテーブルより下がって見えなくなるのはNG

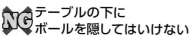

OK 相手から見て少しでもボールが見えていれば問題はない

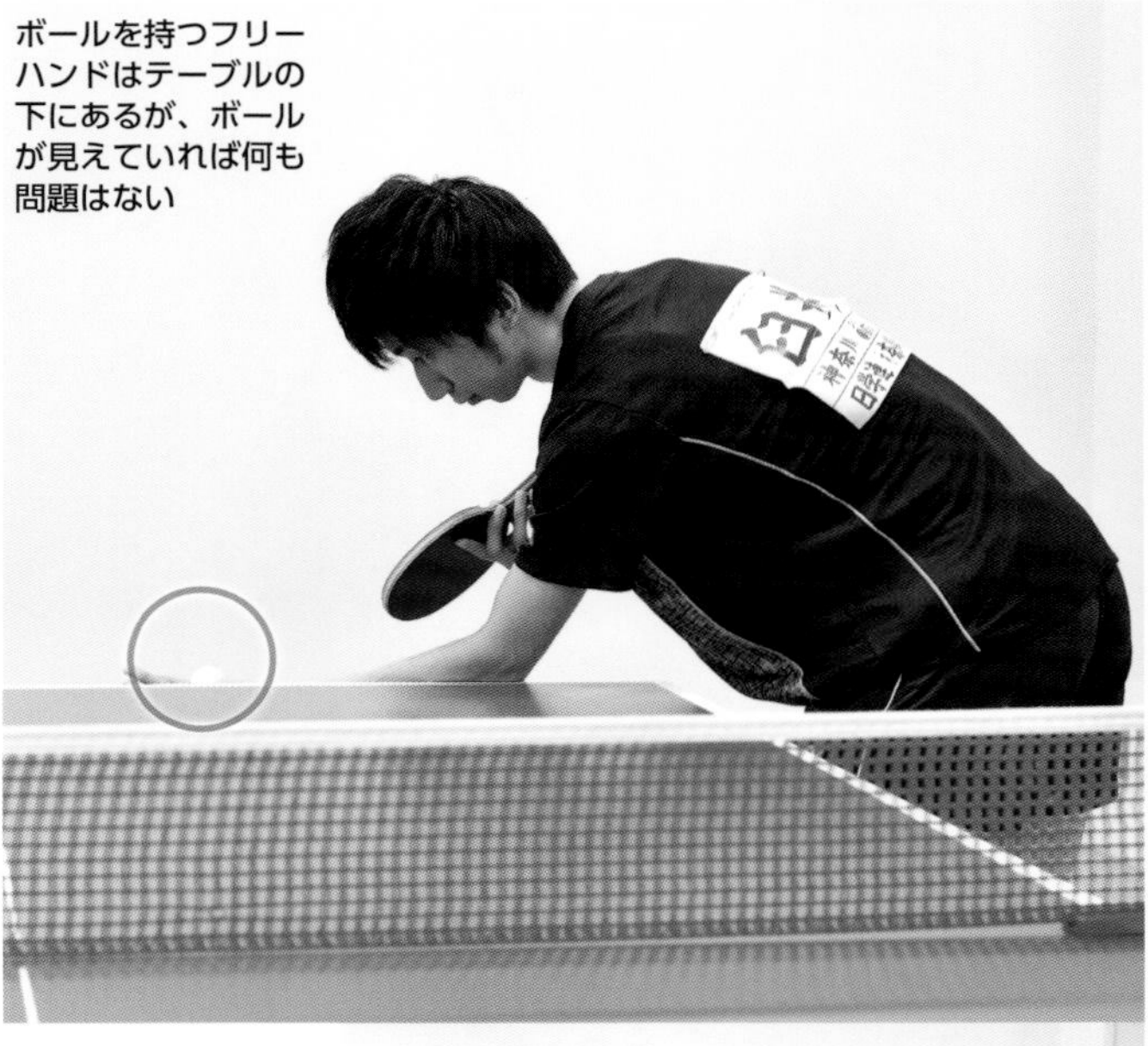

ボールを持つフリーハンドはテーブルの下にあるが、ボールが見えていれば何も問題はない

NG

ボールを完全に隠してはいけない

NG 投げたボールが体の一部などで見えなくなる瞬間があったらNG

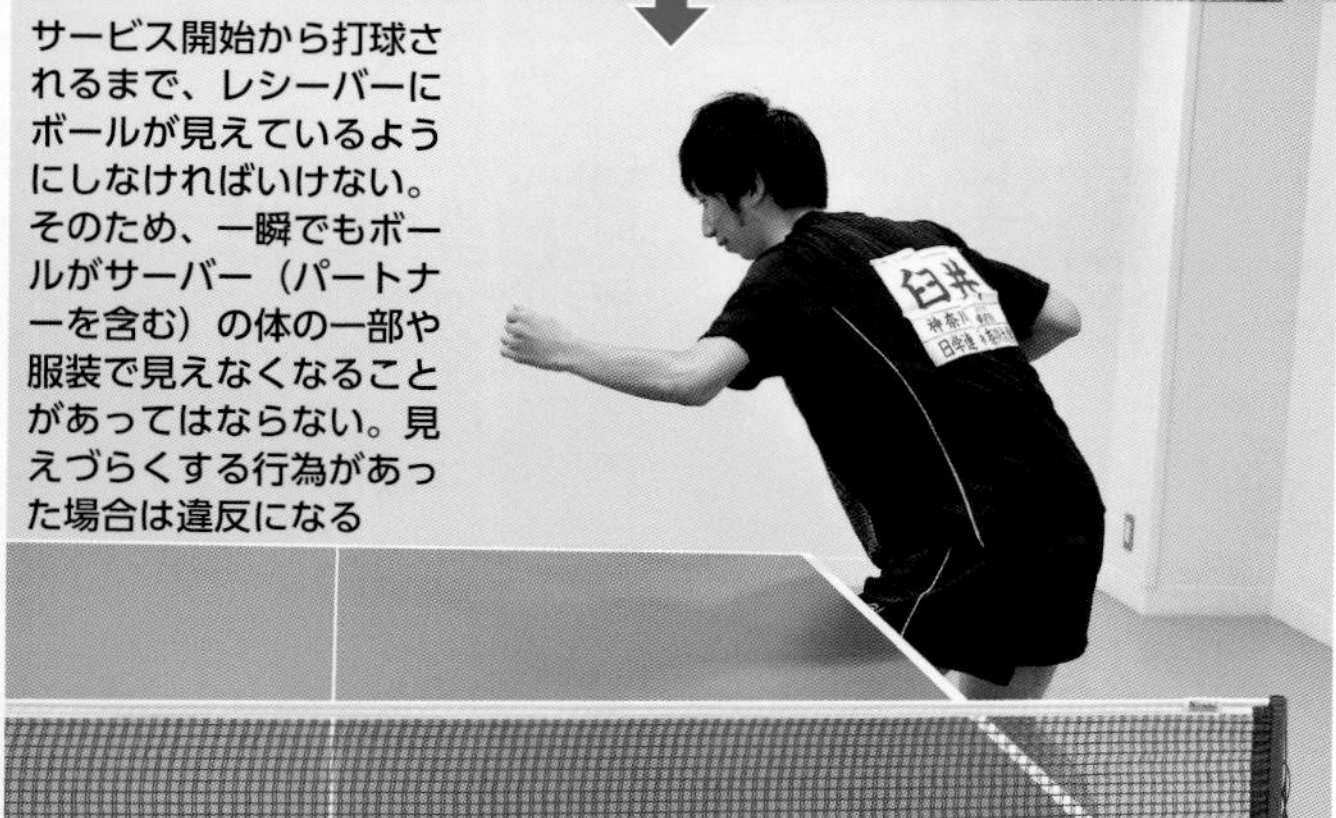

サービス開始から打球されるまで、レシーバーにボールが見えているようにしなければいけない。そのため、一瞬でもボールがサーバー（パートナーを含む）の体の一部や服装で見えなくなることがあってはならない。見えづらくする行為があった場合は違反になる

OK ボールが手から離れたらフリーハンド・フリーアームはボールとネットの支柱に囲まれた空間の外に出す

写真のように、ボールが手から離れたら、すぐにボールとネット支柱に囲まれた三角形の空間の外に、フリーアーム・フリーハンドを出すこと。この三角形の空間は縦（上）方向に無限に続いている

OK エンドラインの後ろなら テーブルの幅より外側で構えてもいい

エンドラインは横方向に無限に続いていると考える。テーブルの幅より外側からサービスをしてもOKだ

NG エンドラインの延長線上より ボールが中に入るのはNG

ボールはエンドラインより中に入ってはいけない。そのため、サイドラインの外でも、エンドラインの延長線上よりボールが中に入るのはNGになる

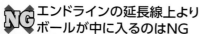

OK ボールを16cm以上投げ上げてから打つ

フリーハンドは平らに開いたまま、垂直方向に動かし、ボールに回転をかけずに、ほぼ垂直に手のひらから16cm以上投げ上げる

NG ボールは頂点に達してから落下するところを打たないといけない

ボールを16cm以上投げ上げないのは違反になる。また、ボールは頂点に達してから落下するところを打たないといけない

NG 不必要に何回もボールを突くとバッドマナーになる

テーブルに何度もボールを突き、プレー時間を遅らせたりすることは、「バッドマナー」として警告が出される

NG ボールがエンドラインより中に入ると違反になる

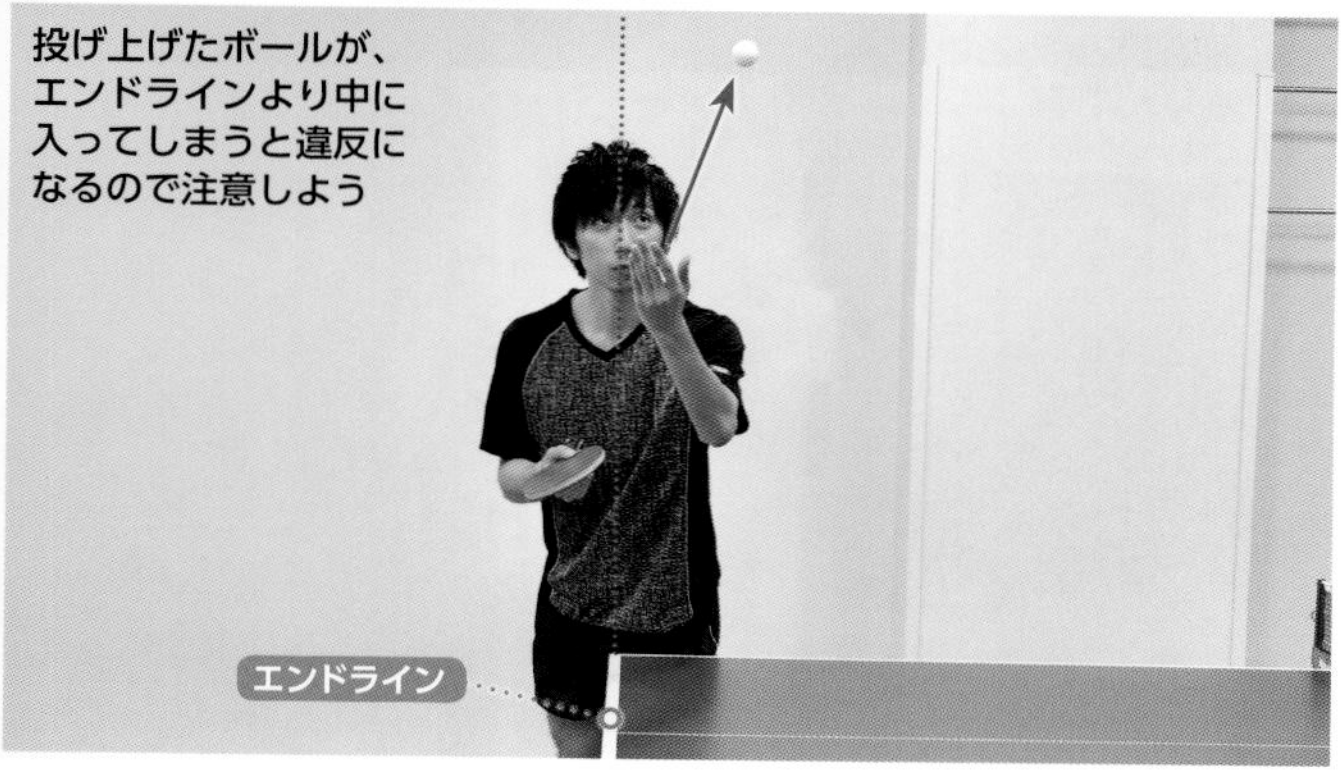

投げ上げたボールが、エンドラインより中に入ってしまうと違反になるので注意しよう

NG 手のひらを横に向け ボールに回転をかけると違反

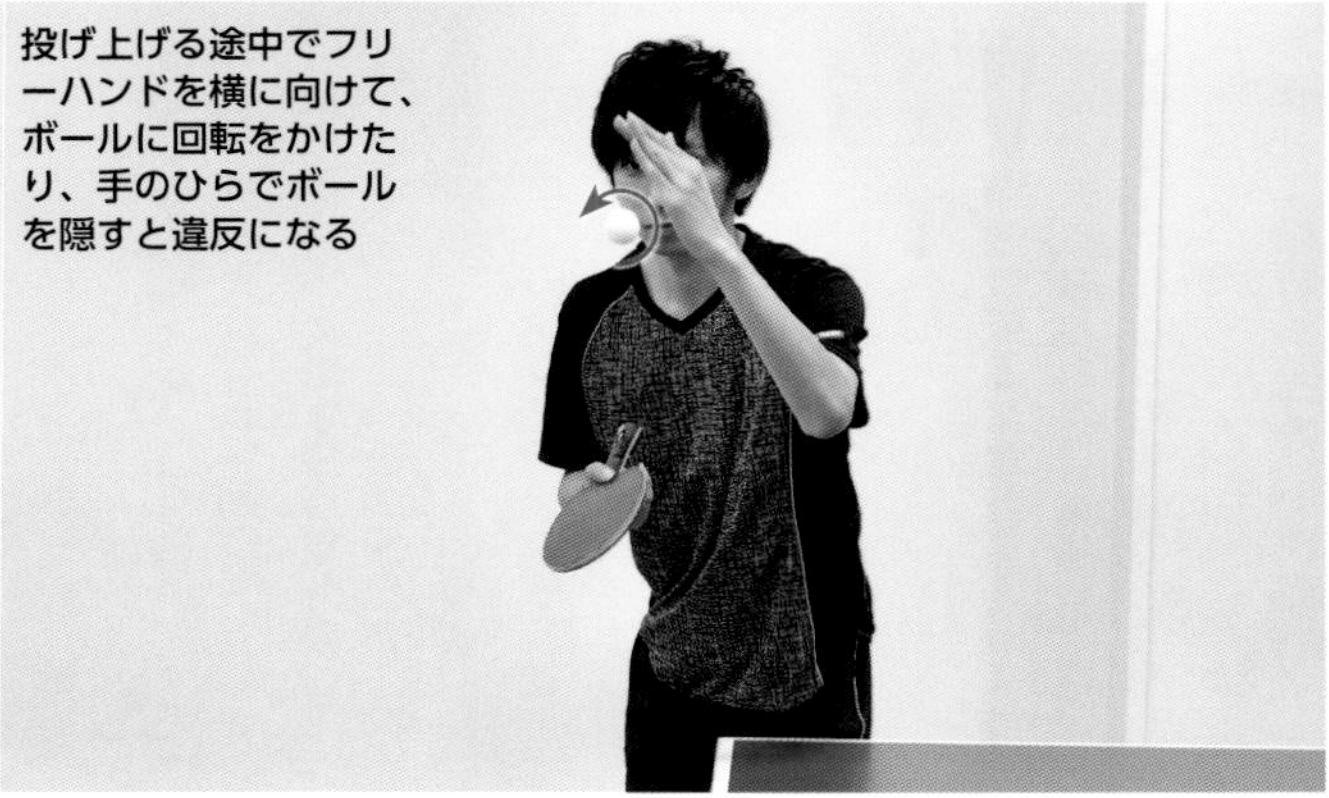

投げ上げる途中でフリーハンドを横に向けて、ボールに回転をかけたり、手のひらでボールを隠すと違反になる

NG ボールを斜めに投げ上げてしまうと違反になる

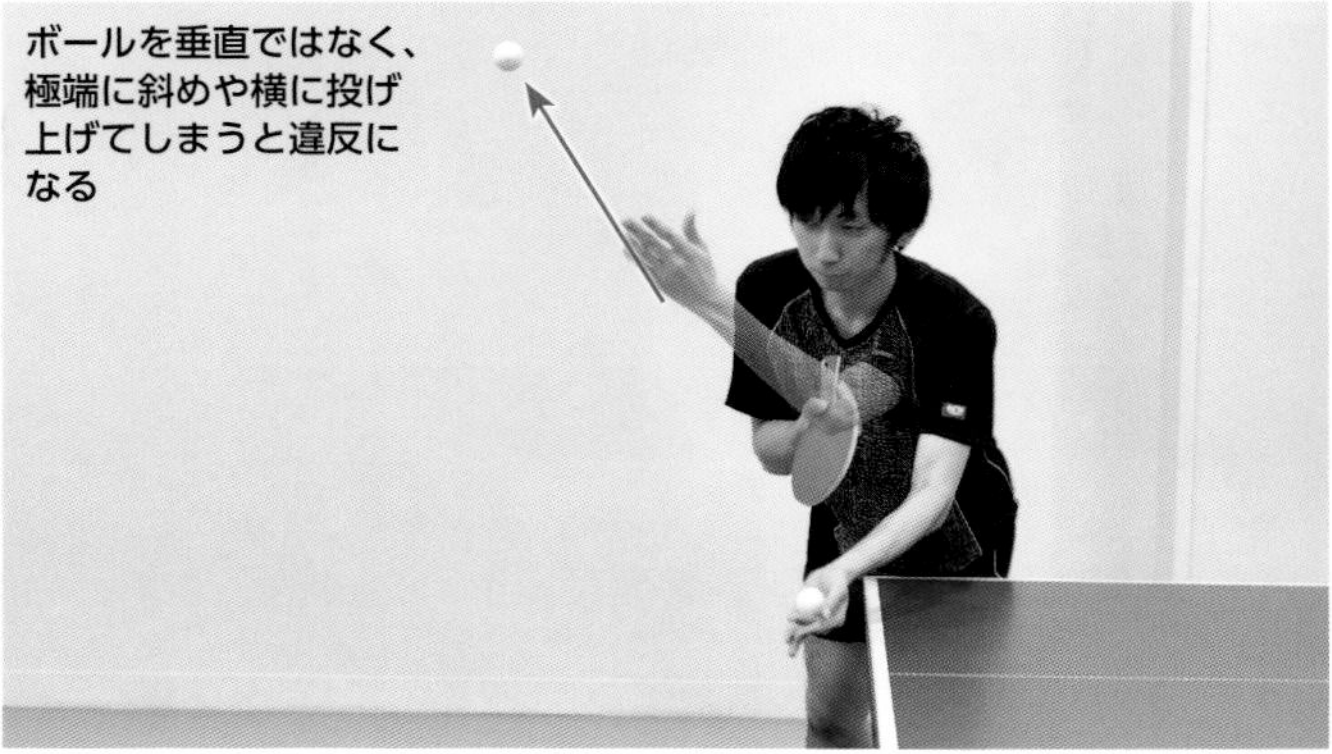

ボールを垂直ではなく、極端に斜めや横に投げ上げてしまうと違反になる

ネットを越えて相手コートに入るようにリターンする

ネットを越えなくてもコートに入れば有効打

相手の打ったボールが自分のコート内でバウンドし、そのボールをネットを越えて相手のコート内に入るように打つのがリターンの基本です。じつは、ネットを越える必要はありません。ネットを横から迂回したり、テーブルの下からネットアセンブリ（ネット、支柱、押さえ金具部分）をくぐるように入ってもOKです。ネットアセンブリに触れてから入っても有効になります。ただし、ネットを越えたあと、相手側の金具部分に当たり、相手コートに触れずに出た場合は有効とはなりません。

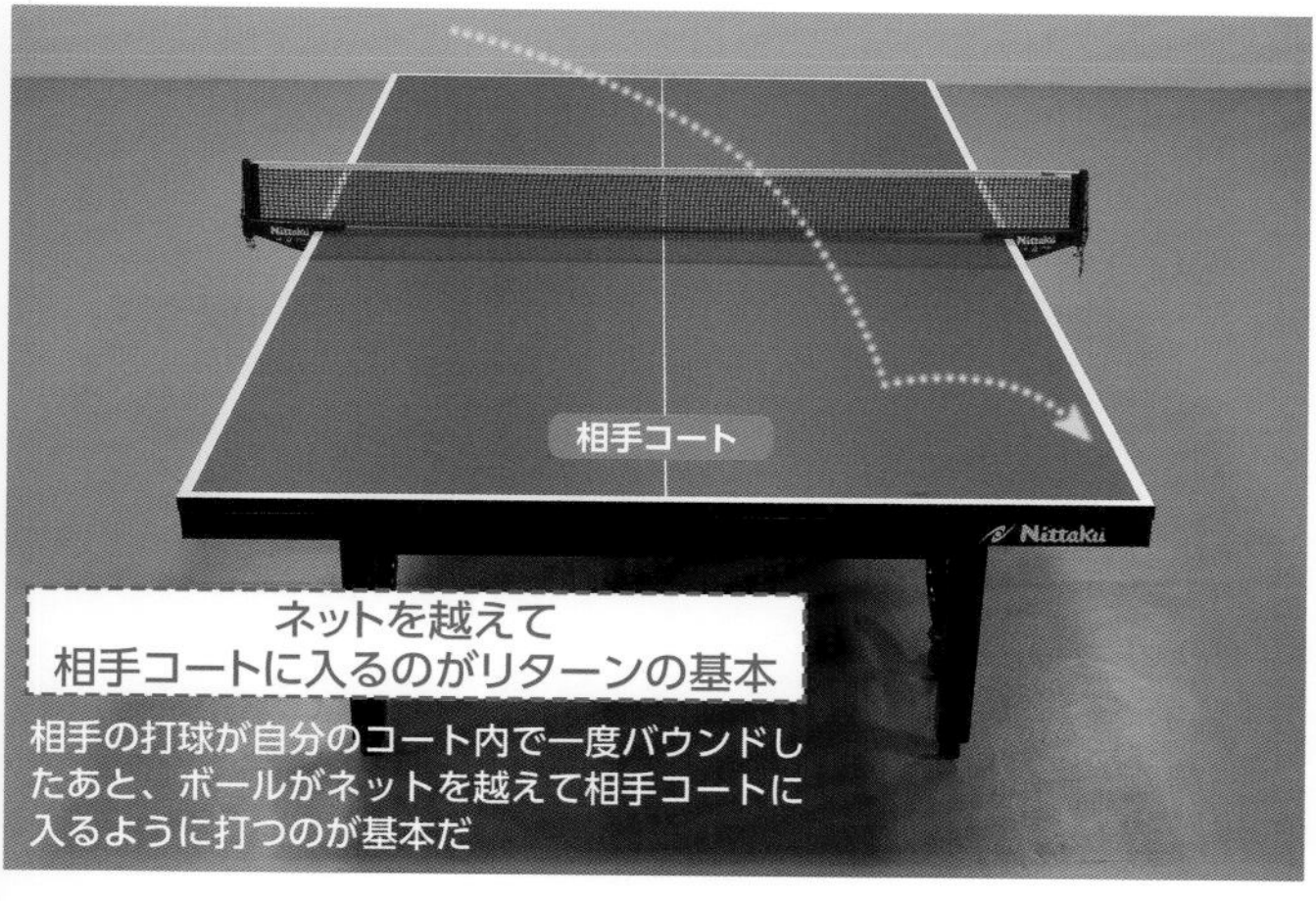

ネットを越えて相手コートに入るのがリターンの基本

相手の打球が自分のコート内で一度バウンドしたあと、ボールがネットを越えて相手コートに入るように打つのが基本だ

OK ネットを越えずに横を迂回して入ってもOK

打ったボールがネットを越えなくても、ネットアセンブリの横を迂回して相手のコートに入れば有効となる

OK テーブルの下側から相手コートに入ってもOK

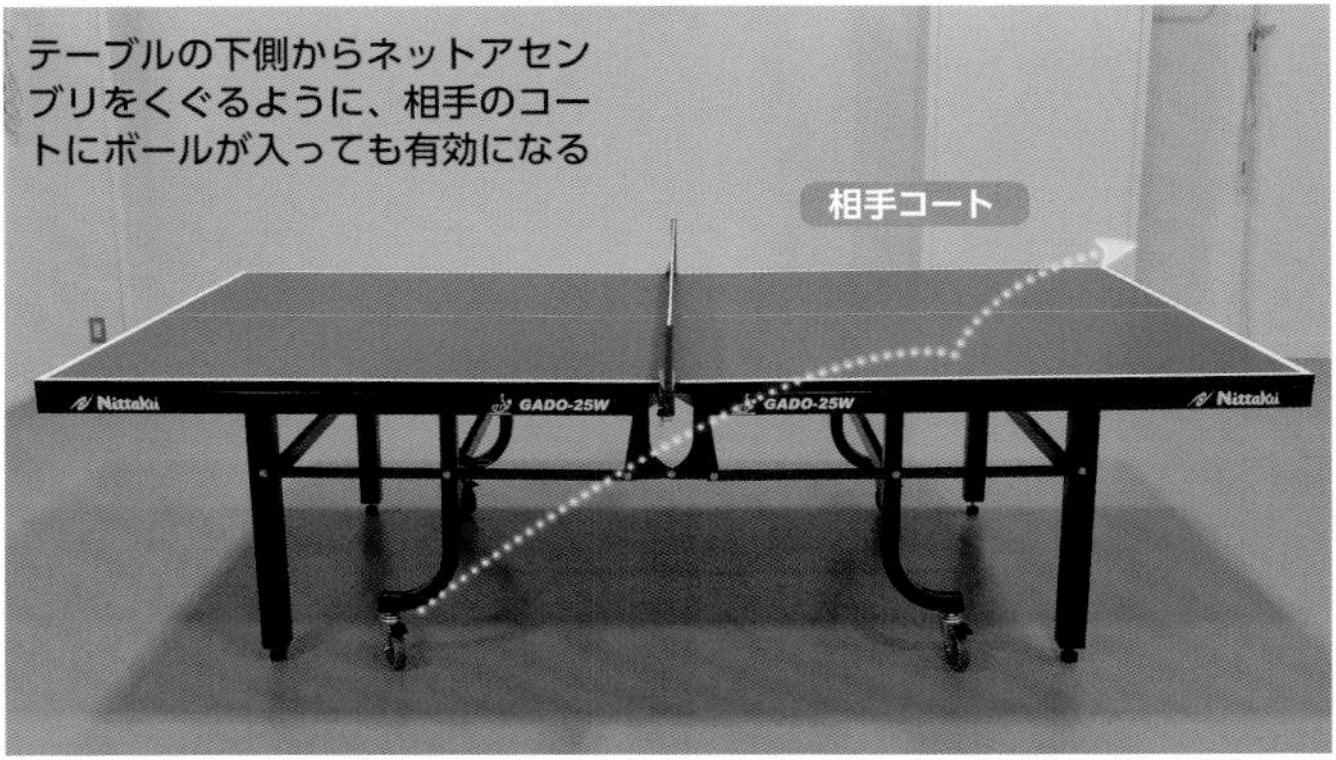

テーブルの下側からネットアセンブリをくぐるように、相手のコートにボールが入っても有効になる

NG 相手のコートに直接ボールを入れないとミス

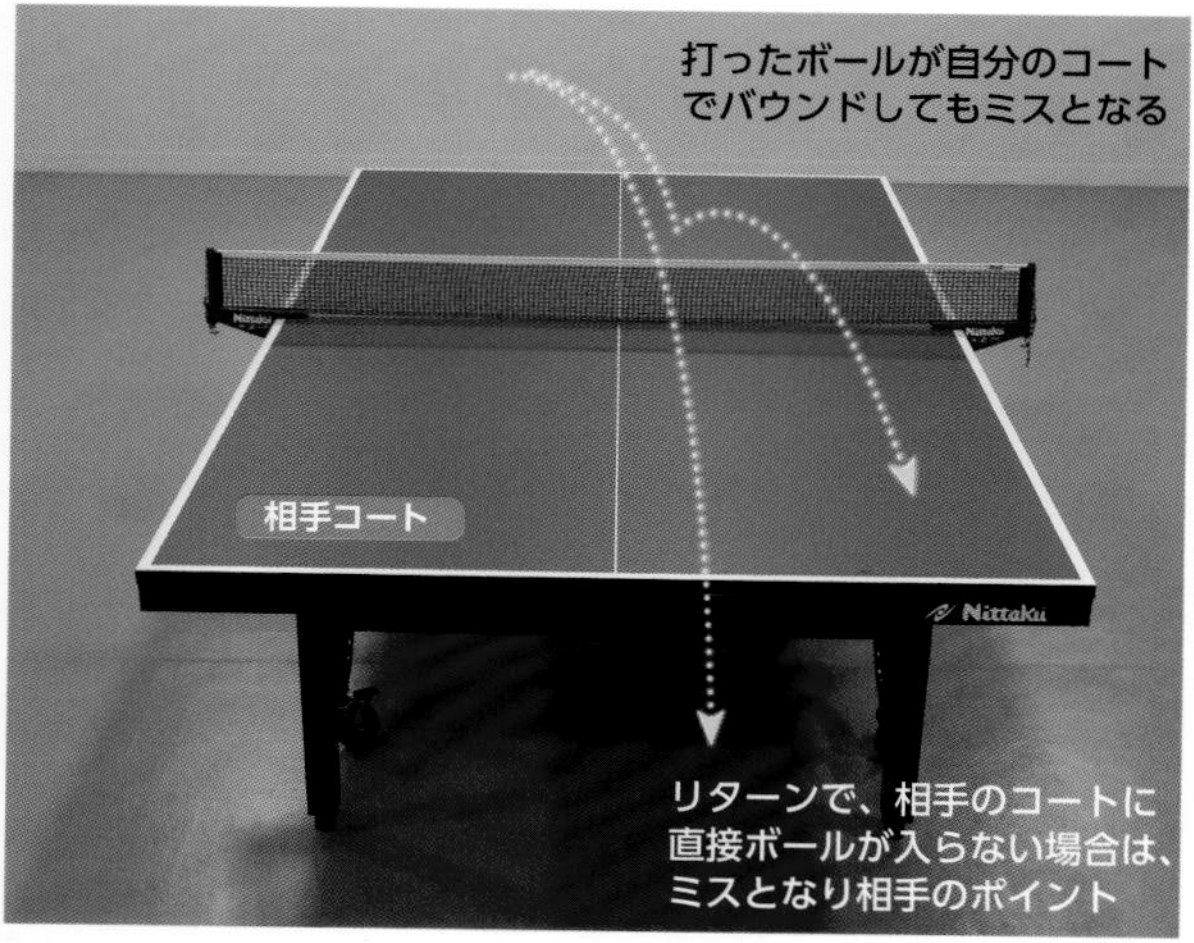
打ったボールが自分のコートでバウンドしてもミスとなる
相手コート
Nittaku
リターンで、相手のコートに直接ボールが入らない場合は、ミスとなり相手のポイント

NG 相手のボールを台上でボレーで打つとミス

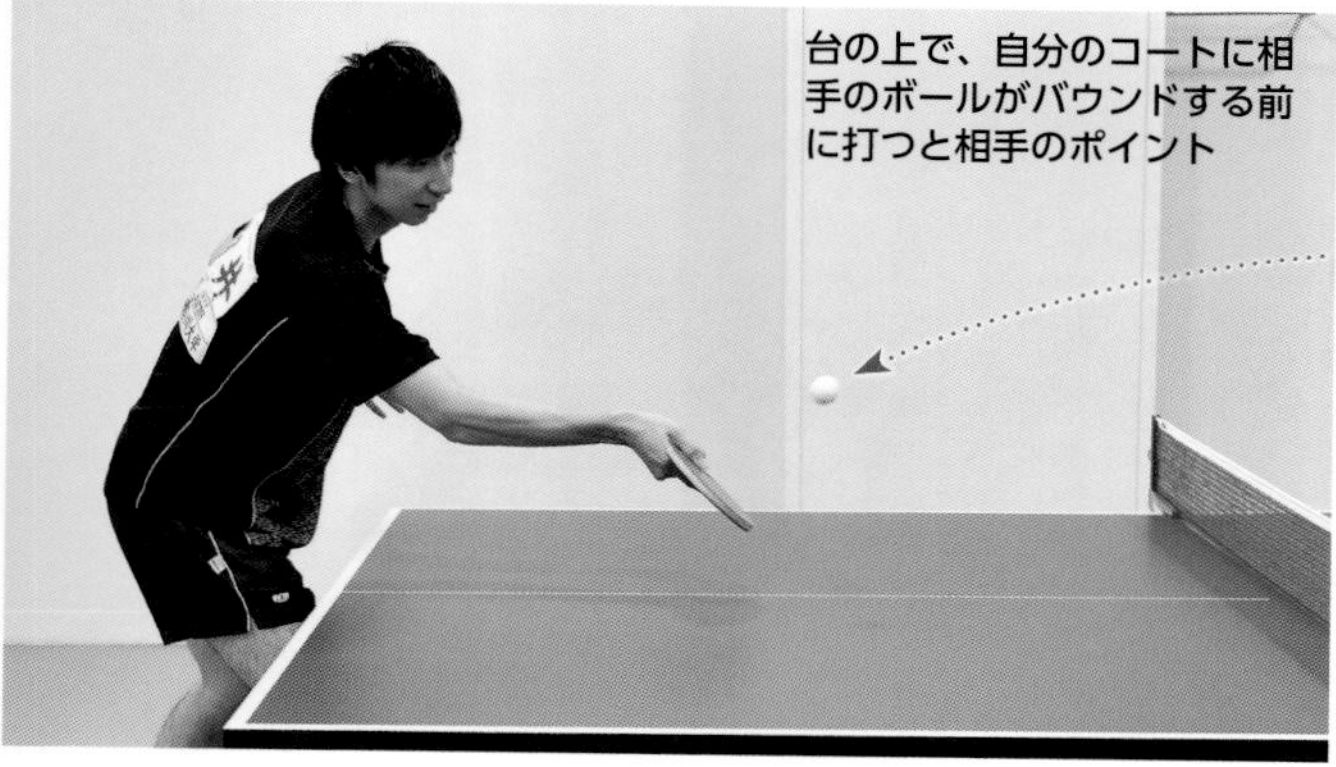
台の上で、自分のコートに相手のボールがバウンドする前に打つと相手のポイント

NG コートで2バウンドする前に打てないとミス

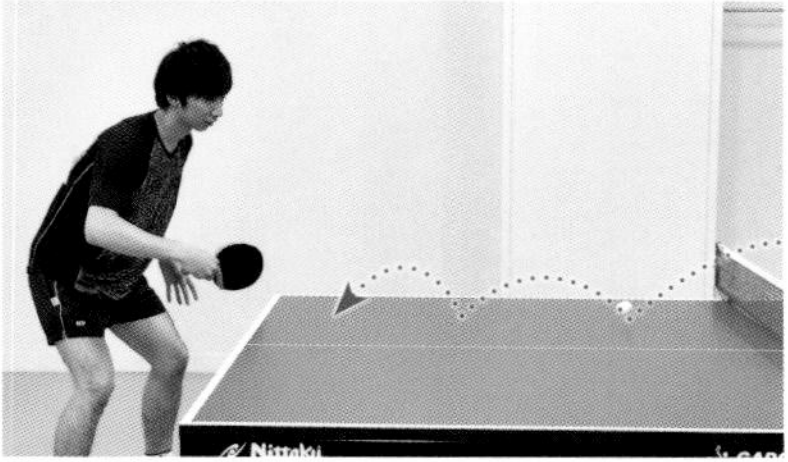

相手のボールが自分のコートで２バウンドする前に打てないとミスになり相手のポイント

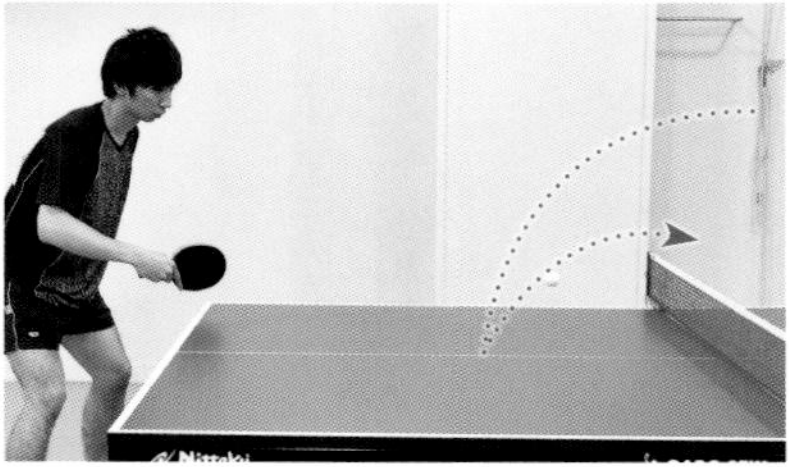

相手の打ったボールに強い回転がかかっていて、自分のコートでバウンドしたあとにネットを越えて戻った場合は、そのボールが相手コートでバウンドする前にそのボールに触れ、相手コートにバウンドさせないとミスになる

NG ラケットを投げるなどして手から離して打つのはNG

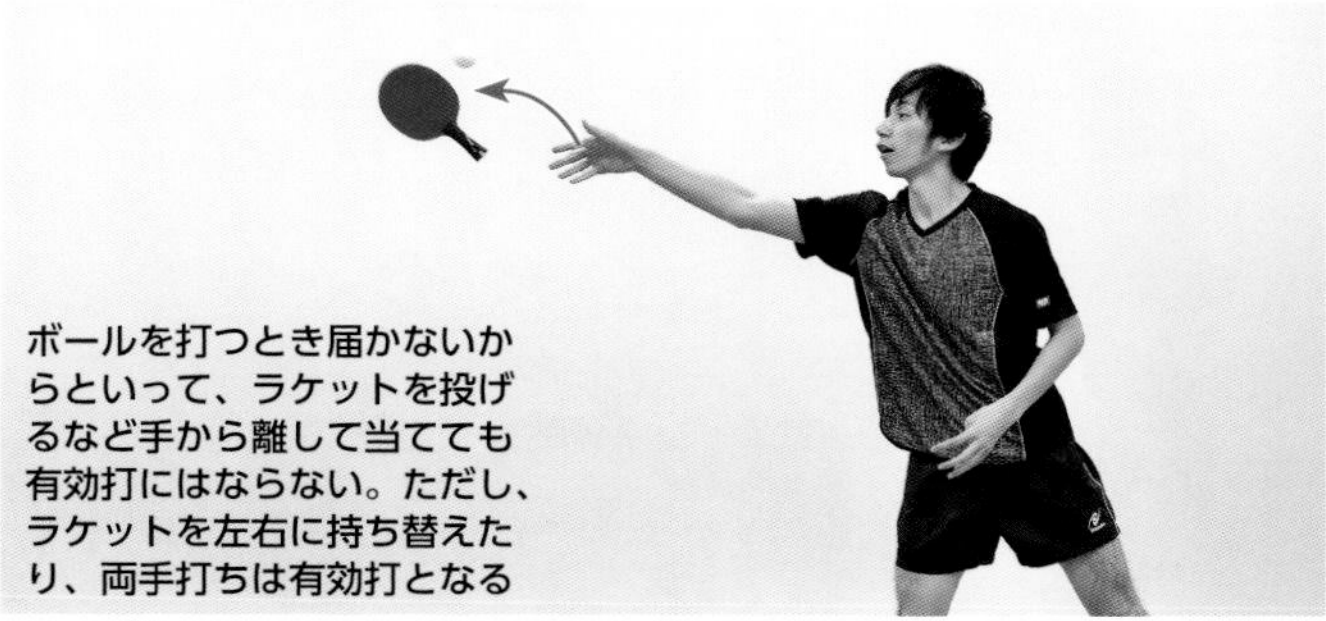

ボールを打つとき届かないからといって、ラケットを投げるなど手から離して当てても有効打にはならない。ただし、ラケットを左右に持ち替えたり、両手打ちは有効打となる

審判員がポイントを認めずにノーカウントにすることがレット

勝手に選手が判断してラリーを中断してはいけない

ラリー中、審判員がポイントを認めるカウントをコールせず、得点にならないノーカウントにすることを「レット」といいます。

このレットは、選手が勝手に判断してラリーを中断してはいけません。レットであることが明らかな場合でも、プレーをしている選手自身が勝手にレットと決めつけないようにします。あくまで、レットは主審が宣言したときに用いられます。

もし、選手が勝手にラリーを中断した場合は、相手競技者のポイントになるので注意しましょう。

ケース① サービスがネットアセンブリに触れて相手コートに入った

レシーバー
サービスのボールが、サーバー側のコートでバウンドしたあと、ネットアセンブリに触れて、相手コートにネットインした場合は、レットとなりサービスのやり直しになる
Nittaku
GADO-25W
GADO-25W

ケース② レシーバーが構えていないのにサービスが出されたとき

レシーバーが構えに入っていないときに、サービスが出されたらレットとなる。ただし、レシーバーがそのボールを打球しない場合に限る

POINT!

リターンをミスしたあとに、まだ構えていなかったと主張する選手がいるが、ボールがラケットに触れていたら、構えていたことになる

ケース③ 主審がカウント数などの宣告を行う前にサービスが出されたとき

主審が、カウント数やゲーム数、「ラブオール」（試合開始）などの宣告をする前にサービスを出すとレットになる

ケース④ 相手の汗でボールが濡れてすべってしまう

相手の汗でボールが濡れてすべってしまうときなどはレットになる。ボールに汗がついているかどうかは、ラバーに汗の点がついているかどうかで判断する

POINT!

自分の汗ですべった場合は、自分のミスになる

ケース⑤ 試合中にボールが割れたりヒビが入ったとき

選手が返球できないほどに、ボールにヒビが入ってしまっていたり、ボールが割れてしまってラリーの結果に影響が出たときはレットとなる

ケース⑥ 隣コートからボールが転がってきたとき

隣コートから、競技領域内にボールが転がって入ってきて、ラリーに影響があると、主審または副審が判断したときはレットになる

その他のレットになるケース

◎ラリーの結果に影響がおよぶほどに競技条件が乱されたとき

・地震、雨漏り、日が射した、虫や鳥が入ってくるなど、競技条件が乱されたときはレットになる

◎サービス、レシーブの順序、またはエンドの誤りを正す場合

・ラリー中に、審判がサービスやレシーブの順序、またはエンドの誤りに気がついて正す場合は、レットを宣告する

◎促進ルール（→82ページ）を適用する場合

◎違反行為があったときに、競技者、またはアドバイザーに注意、警告などを与える場合

車椅子を使用している場合のサービス特別ルールとレット

車椅子を使用している競技者がレシーブするときのレットになるケース

ケース① レシーバーのコートに触れたあとボールがネット方向に戻った場合

レシーバーのコートにバウンドしたボールが、レシーバー側ではなく、ネットのほうに戻った場合はレットになる

ケース② レシーバーのコートにボールが止まった場合

レシーバーのコートにボールがバウンドしたあと、前進せずにその場所に止まってしまった場合は、レットになる

ケース③ シングルスでレシーバーのコートに触れたあとどちらかのサイドラインをボールが横切った場合

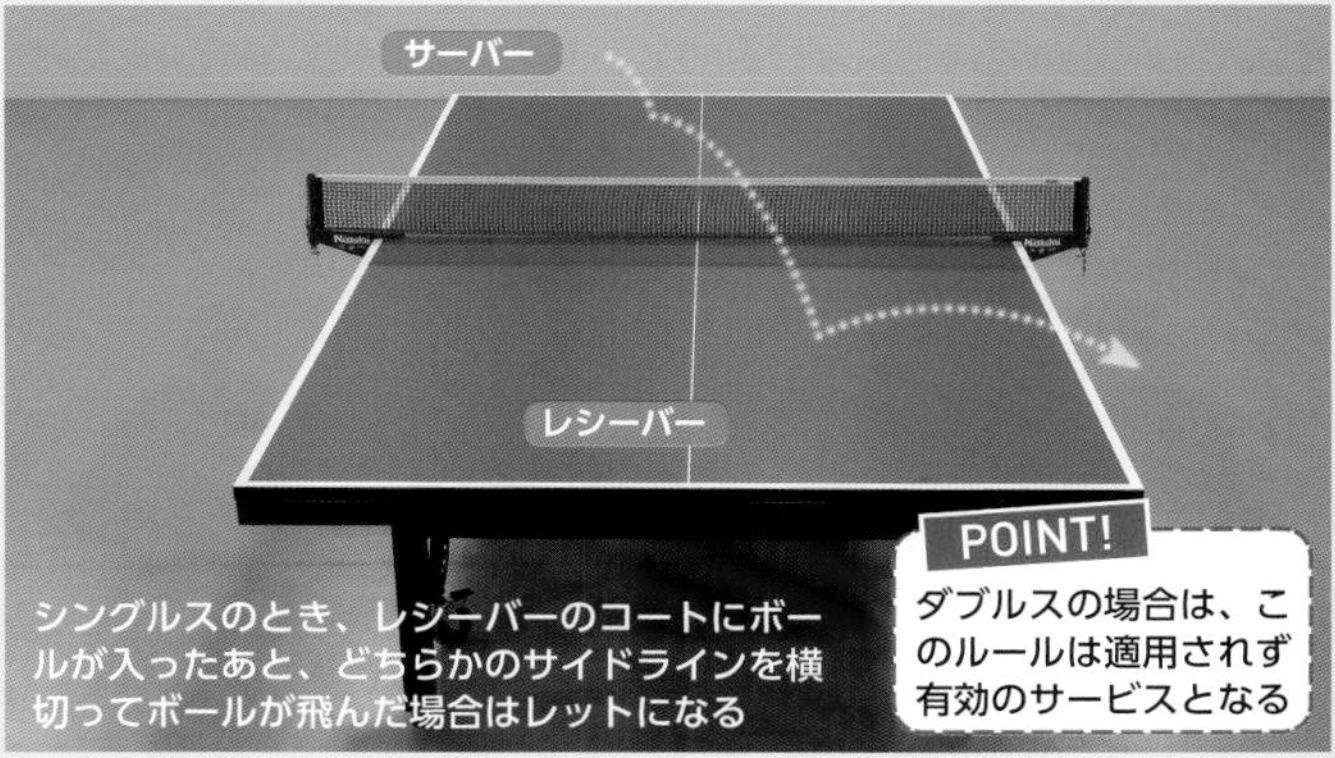

シングルスのとき、レシーバーのコートにボールが入ったあと、どちらかのサイドラインを横切ってボールが飛んだ場合はレットになる

POINT!

ダブルスの場合は、このルールは適用されず有効のサービスとなる

相手のミスにより得点が1ポイント入る

主審が宣告するまではプレーは続けられる

得点（ポイント）は、相手選手のミスにより獲得することができます。ラリーがレットにならず、相手選手が以下の表のミスを犯した場合です。ポイントにならない場合はレットになり、主審によってポイントまたはレットが宣告されるまではプレーは続くことになります。

　レットになる場合と同様に、選手自身が勝手にポイントになると判断して、ラリーを止めてはいけません。ポイントが宣告された時点でポイントになり、次のラリーの準備をしなければいけません。

自分のポイントになる場合

①相手選手がサービスをミスした場合

②相手選手がリターンミスをした場合

③相手選手が打ったボールが競技者のコートにバウンドする前に、床や審判、天井などネットアセンブリ以外に触れた場合(→62ページ)

④相手選手のユニフォームや体、所持品などがネットアセンブリに触れた場合(→62ページ)

⑤相手選手の打ったボールが自分のコートに触れずにエンドラインまたはサイドラインを越えた場合（→63ページ）

⑥ダブルスにおいて、相手のペアが順番に打たないで、同じ人が2回続けて打ってしまった場合（→63ページ）

⑦相手選手が規格に合わないラバーを貼ってある面でボールを打った場合（→64ページ）

⑧相手選手がペンホルダーのラバーを貼っていない裏側でボールを打った場合（→65ページ）

⑨相手選手がラケットハンドの手首より腕側の部分で打球した場合（→66ページ）

⑩相手選手が台を動かしてしまった場合（→65ページ）

⑪相手選手のフリーハンドの手首から先の部分が台の表面に触れた場合（→68ページ）

⑫促進ルールで、レシーバーの自分が13回のリターンに成功した場合（→69ページ）

⑬相手選手がボールをオブストラクションした場合（→72ページ）

ケースA　床、服、審判、天井などネットアセンブリ以外にボールが触れたとき

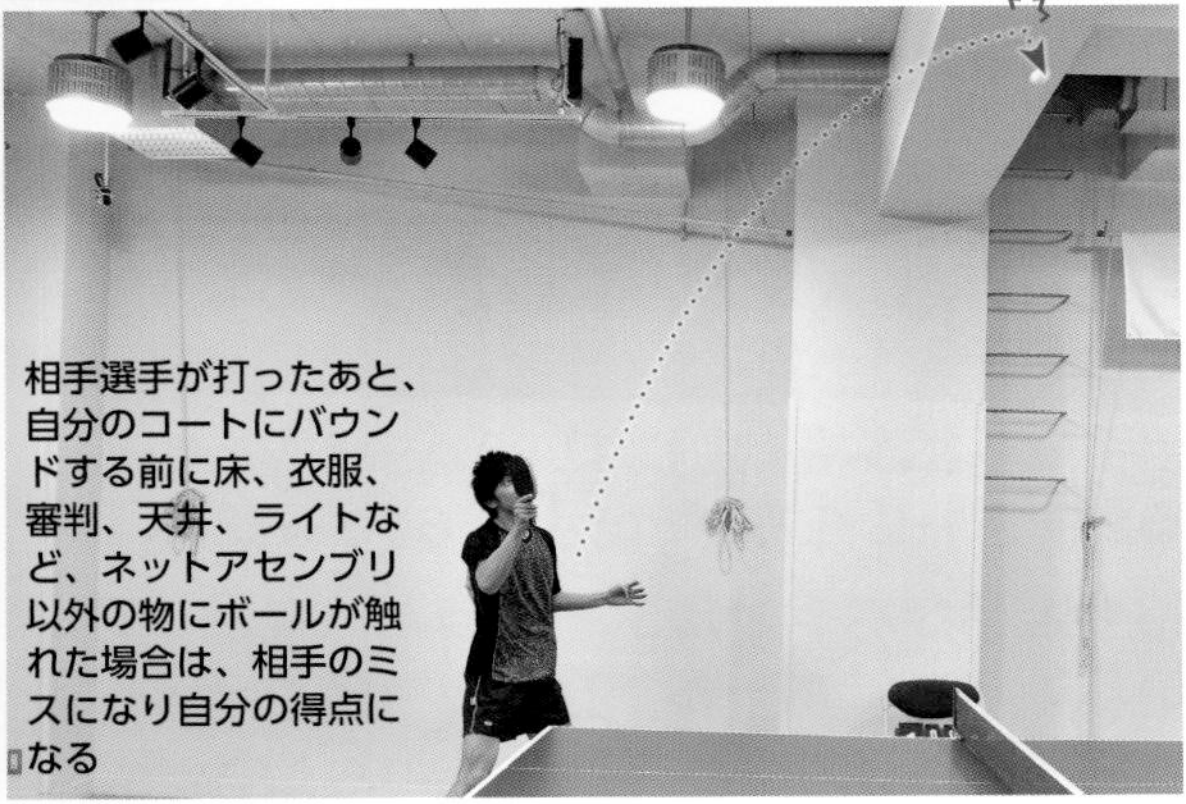

相手選手が打ったあと、自分のコートにバウンドする前に床、衣服、審判、天井、ライトなど、ネットアセンブリ以外の物にボールが触れた場合は、相手のミスになり自分の得点になる

ケースB　ラケットや衣服、体、所持品などがラリー中にネットアセンブリに触れた場合

相手選手のシャツや体、ラケット、ポケットに入れている物などが、ラリー中にネットアセンブリに触れた場合は、自分にポイントが入る

ケースC 相手の打球が自分のコートに触れずにエンドラインやサイドラインを越えた場合

相手の打球が自分のコートで１バウンドせずに、エンドラインやサイドラインを越えた場合は、自分のポイントになる

ケースD ダブルスで同じ人が2回続けて打ってしまった場合

サービス、レシーブの順序の間違いは、その場でレットとして正しい順番でやり直しとなる。相手ペアが順番を守らず、交互に打たずに同じ人が2回続けて打球した場合は、相手ペアのミスとなり、自分たちの得点となる

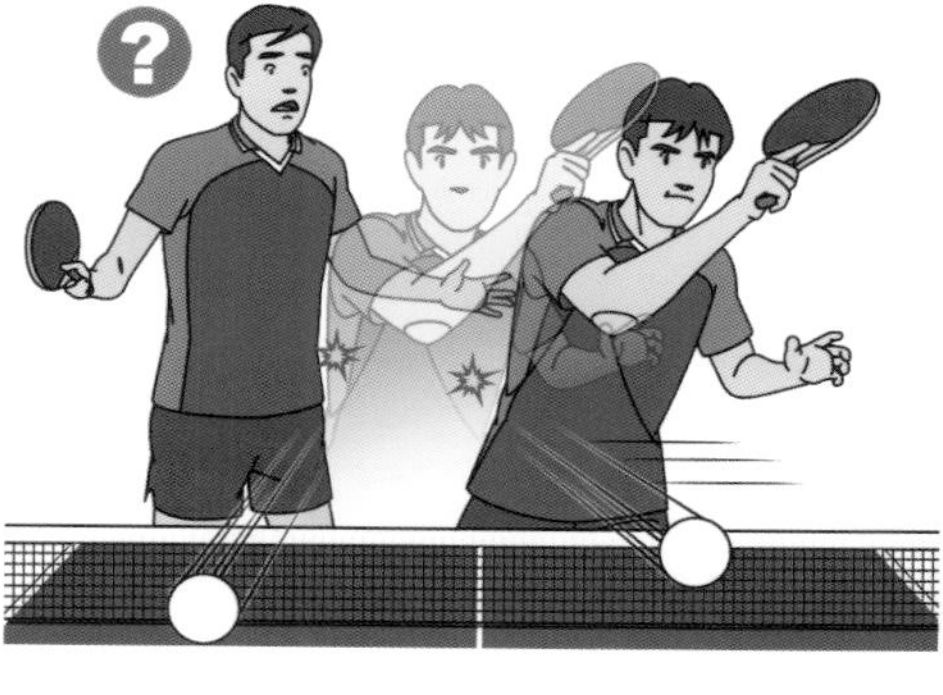

ケースE 規格に合わないラバーを貼ってある面で相手が打球した場合

相手選手が違反ラバーを貼ってある面で打球した場合、自分のポイントになる

CHECK!

ラケットのどちらかに正規のラバーを貼ってあれば、ラケットそのものは使用できる。しかし、この面で打球することはできない

ケースF ペンホルダーでラバーを貼っていない裏側で相手が打球したとき

ペンホルダーのラバーの貼られていない面を使って、相手選手がボールを打った場合は、自分の得点になる

ケースG テーブルを動かしてしまった場合

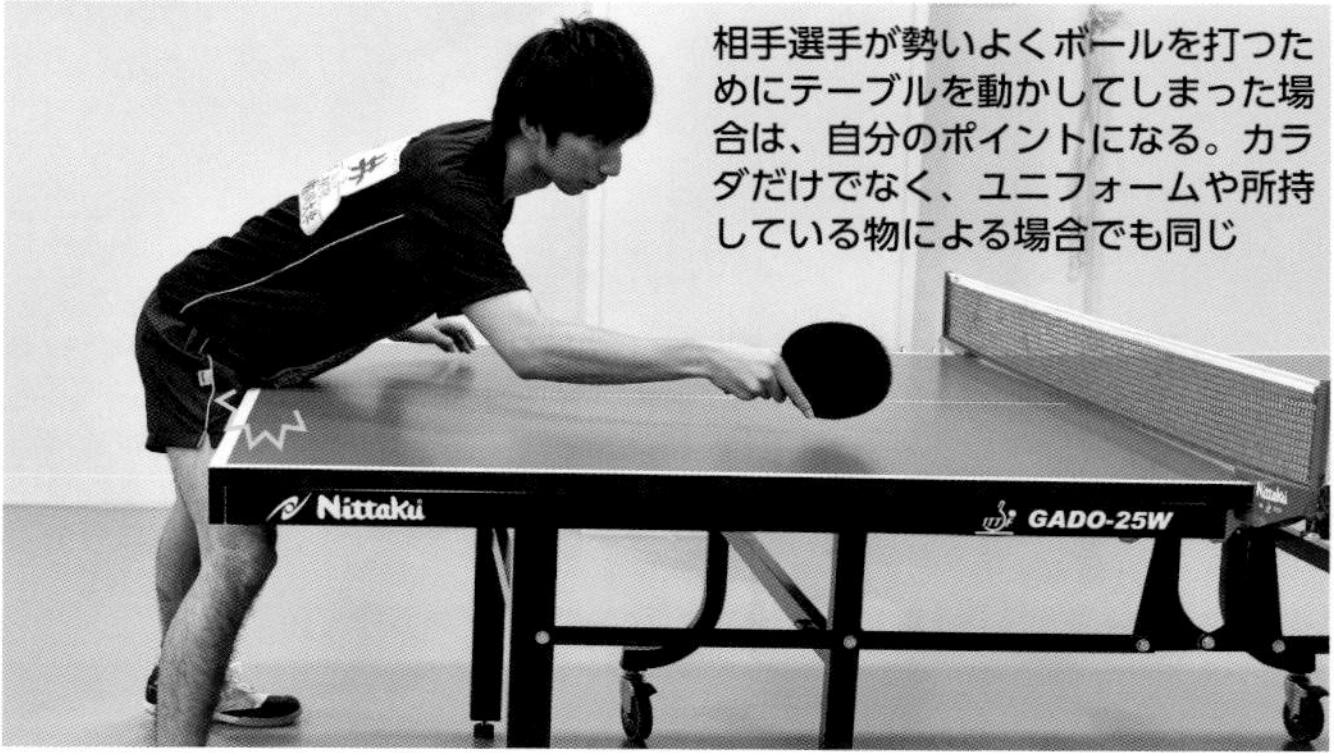

相手選手が勢いよくボールを打つためにテーブルを動かしてしまった場合は、自分のポイントになる。カラダだけでなく、ユニフォームや所持している物による場合でも同じ

手首から先に当たった打球は有効となる

偶然に2回連続で打球しても有効打になる

ボールを打つ際に、有効かどうかの範囲は決まっています。シェークハンドの場合、ラケットハンドの手首から先なら、手や指に当たっても打球は有効になります。ラケットは、サイド（ラケットの側面）やグリップ部分のどこに当たっても問題はありません。ペンホルダーも同様ですが、ラバーを貼っていない裏面に当たった場合は無効（相手のポイント）になります。公認ラバーを裏面に正しく貼ってあるのであればOKです。

また、偶然に2回連続でボールを打っても有効打となります。

シェークハンドの打球が有効な範囲

シェークハンドは、手首から先ならば、手とラケット（サイドやグリップも含む）のどこに当たってもその打球は有効になる。もしラケットハンドの手首より後ろ（ヒジ側）で相手がボールを打った場合は、自分のポイントとなる

OK 偶然に2回連続で打球しても ミスとはならず有効に

誤って、ラケットのラバーから指に２回連続（ダブルヒット）でボールが当たって相手コートに入ったとしても、ミスとはならず、そのまま有効としてラリーを続ける

ペンホルダーの打球が有効な範囲

シェークハンドと同様に、手首から先はグリップでもサイドでも有効な打球になる

NG ラバーを貼っていない裏面は無効打

ペンホルダーラケットは、ラバーを貼っていない裏側に当たると無効（相手のポイント）になる。ただし、その裏面の指に当たって相手コートに入った場合は有効

ケースH ラリー中、相手のフリーハンドがテーブルの表面に触れた場合

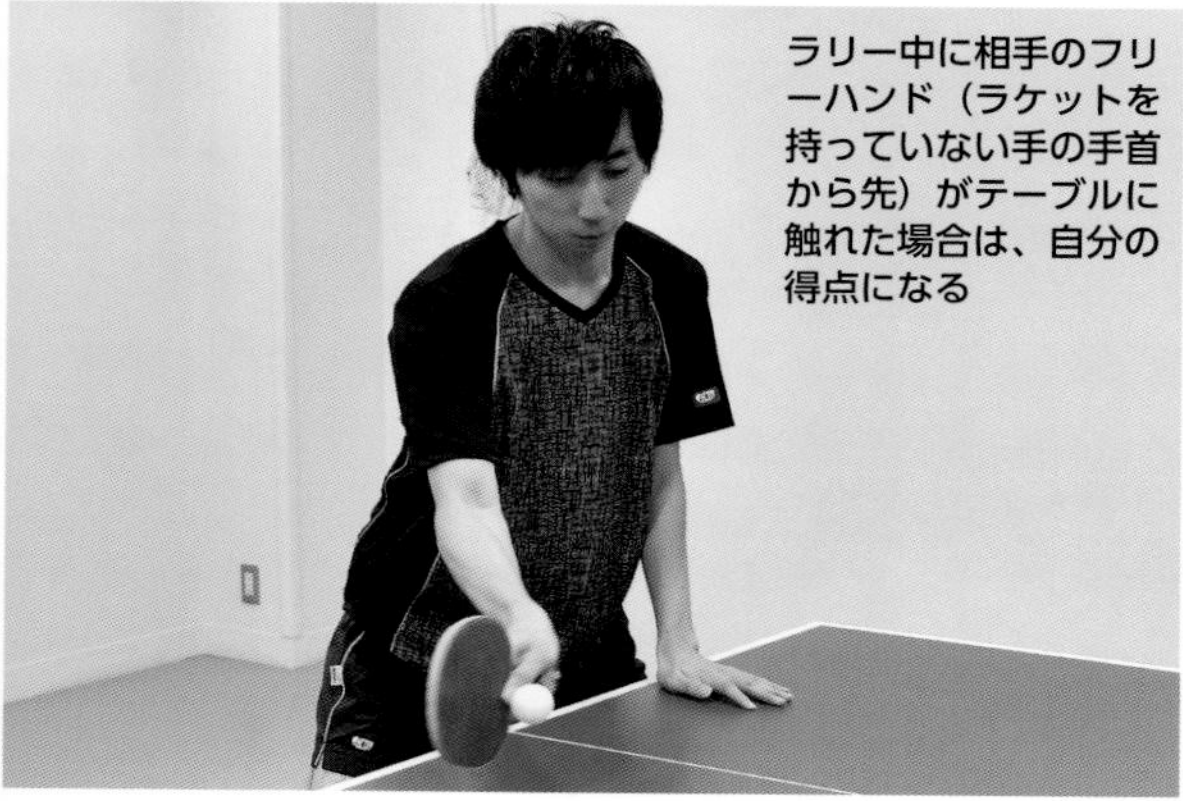

ラリー中に相手のフリーハンド（ラケットを持っていない手の手首から先）がテーブルに触れた場合は、自分の得点になる

OK フリーアームの場合は違反にならない

フリーアーム（手首より体側の腕やヒジ）がテーブルに触れた場合は、違反にはならない

OK ラケットハンドのアームの場合

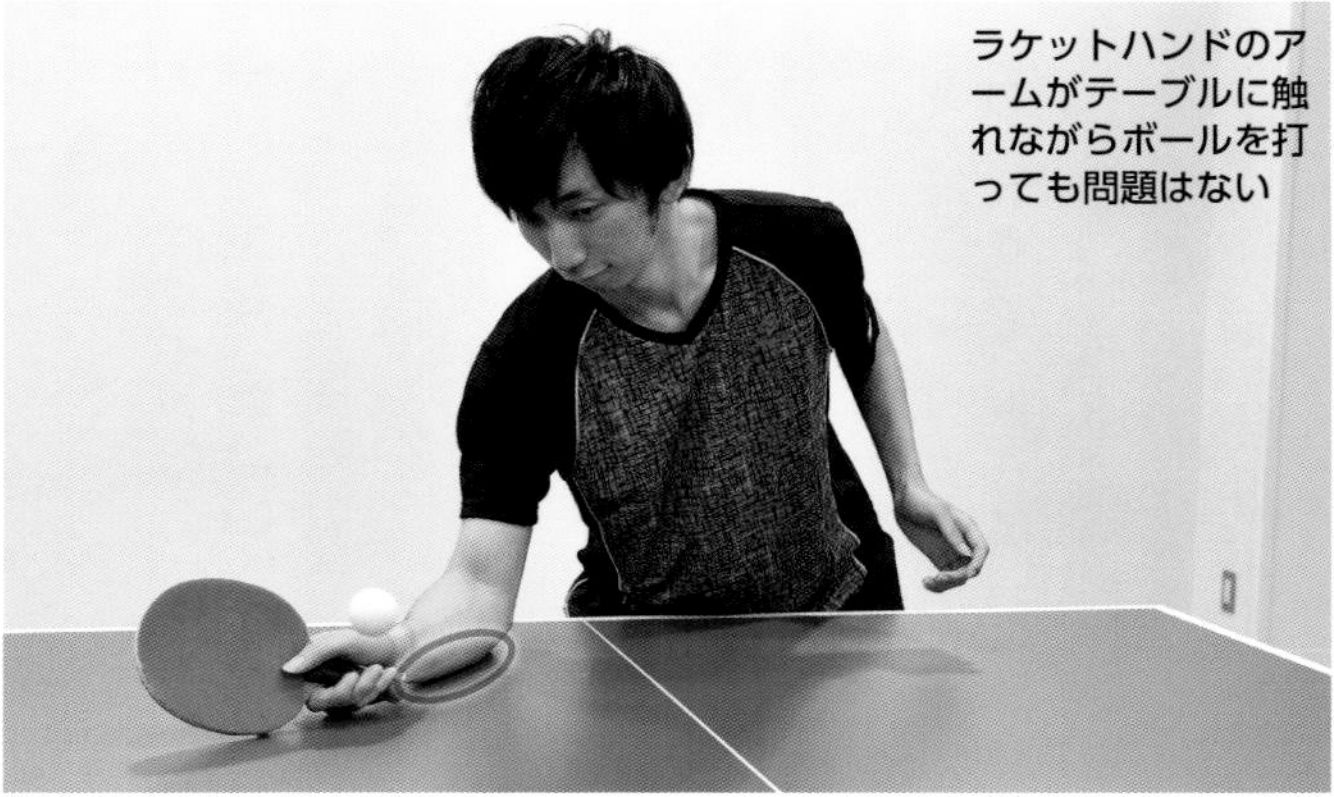

ラケットハンドのアームがテーブルに触れながらボールを打っても問題はない

ケース1 促進ルールの適用時

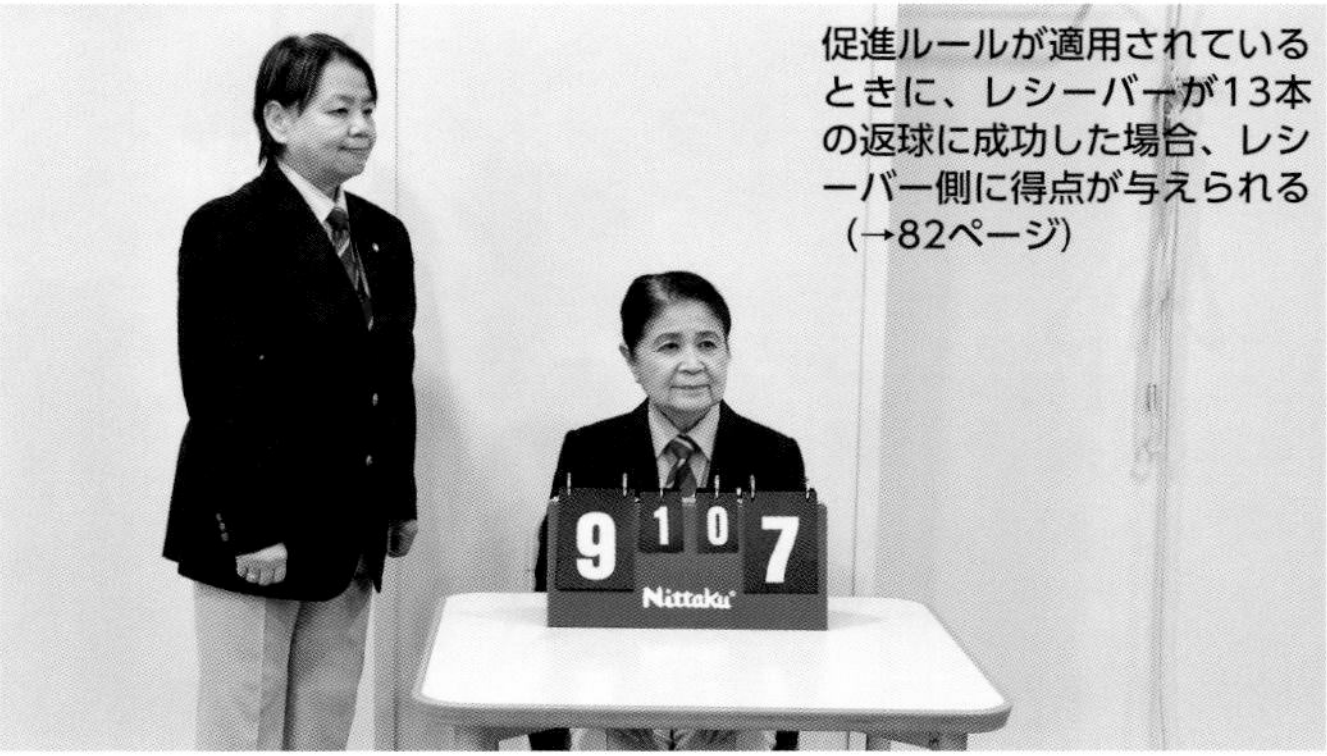

促進ルールが適用されているときに、レシーバーが13本の返球に成功した場合、レシーバー側に得点が与えられる（→82ページ）

エッジに当たると有効で サイドに当たるとミスになる

エッジはサイドの一部と見なされない

テーブルの表面の角の部分をエッジといい、側面の部分をサイドといいます。エッジはサイドの一部とは見なされてないため、打ったボールがエッジに触れたら打球は有効になり、サイドに触れた場合は、打った側のミスになります。テーブルの上を通過したボールが、サイドに当たる可能性はほぼなく、その場合はエッジと判定できます。台より高い位置の横からボールが飛んできて、台に当たったとき、台より上方に跳ねたものはエッジ、台より下方にバウンドしたらほぼサイドと考えられます。

テーブルの両側、または最後部の縁の表面部分はすべてエッジ。エッジに触れた打球は有効になる

サイド

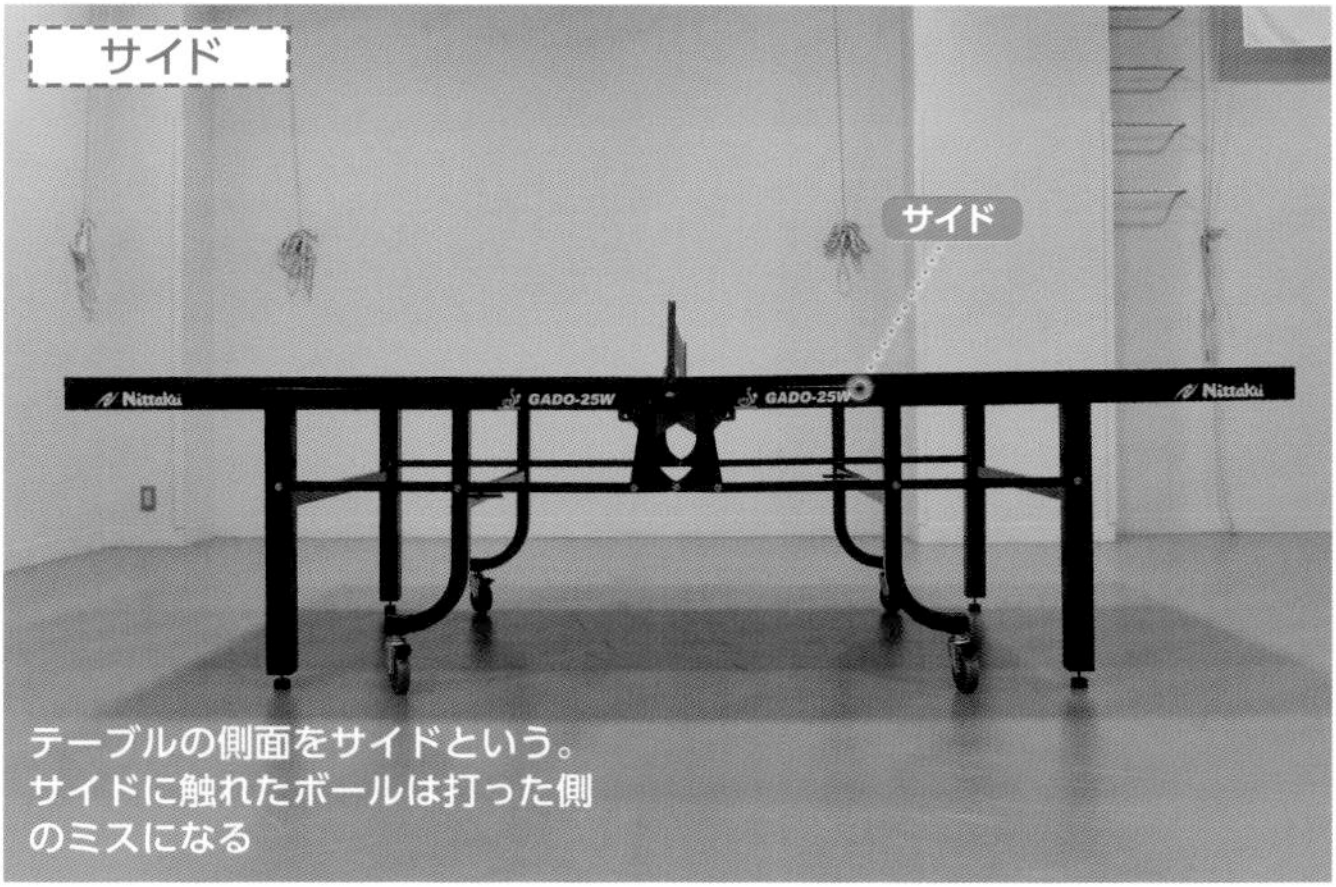

テーブルの側面をサイドという。サイドに触れたボールは打った側のミスになる

POINT!

エッジとサイドの見分け方

①卓球台の上を通過して、テーブルの縁に当たったボールはエッジ
②テーブルより高い位置から飛んできてテーブルに当たったあと、上に跳ね返った打球はエッジ
③テーブルの外側の高い位置から飛んできて、テーブルに当たったあと、そのまま下に落下したものはサイドの可能性が高い

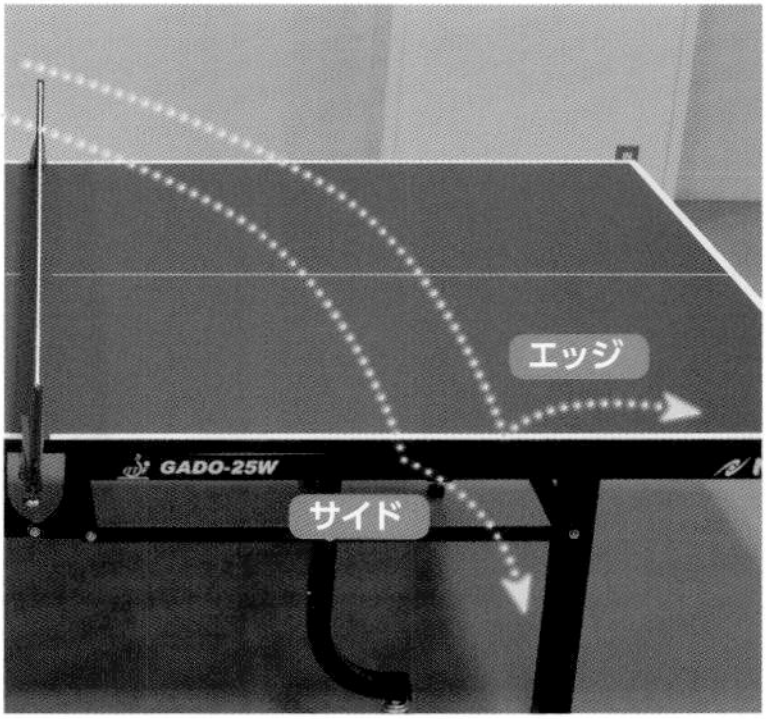

※審判の判断で判定を決める

自分のコートに触れる前に打球に触れるとオブストラクション

エンドラインよりも後方なら触れてもOK

相手の打球がテーブル上を通過するように飛ぶか、テーブルに近づく方向で飛んでいるときに、そのボールが自分のコートにバウンドする前に、テーブル上あるいはエンドラインより内側で、選手や着用、所持している物がボールに直接に触れた場合は、オブストラクション（進路妨害）になります。ボールがテーブルから離れる方向に向かっている場合は適用されません。テーブル上でバウンドしないボールを、エンドラインよりも後ろで打球したり、直接手でつかんだ場合も適用されません。

オブストラクションにならないケース
テーブル表面より下がったボールに触れてもオブストラクションにはならない
⑪

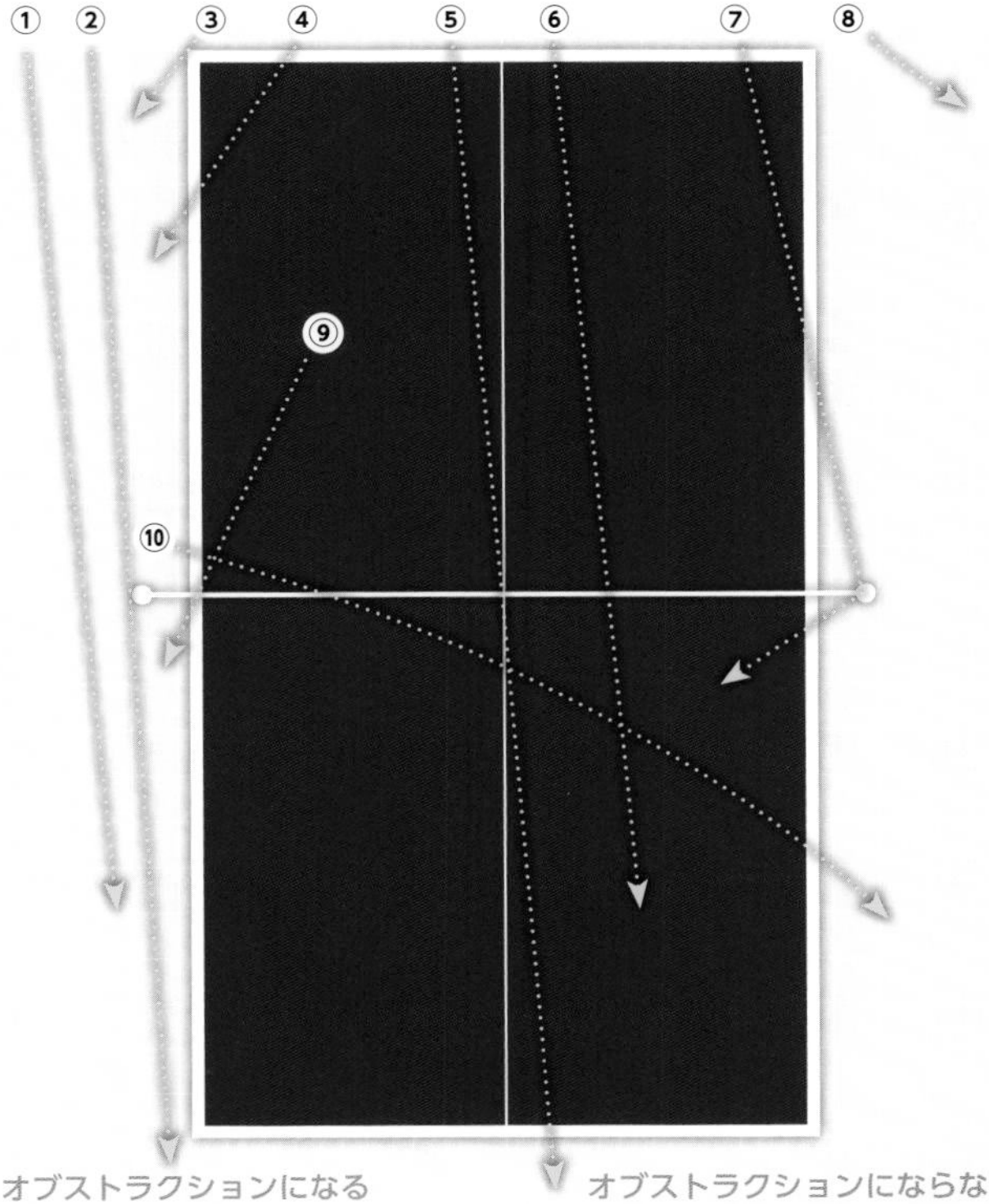

オブストラクションになる

①・⑥・⑦
テーブルに近づく方向で飛んでいるので、オブストラクションになる
※⑦はネットアセンブリにぶつかり、方向が変わっている

オブストラクションにならない

②・③・④・⑤・⑧・⑨・⑩・⑪（右ページ）
テーブルの外側に向かっているので、オブストラクションにならない

国際ルールと日本のルールの相違点

用具に関する規定が異なるので注意しよう

日本卓球ルールは、1983年の世界選手権大会以降、「基本ルール」と「競技ルール」からなる国際ルールと同じ構成になりましたが、主に用具に関する部分で、以下のような日本独特のルールがあります。海外で試合や観戦をするときは注意してください。

①競技に使用する服装は(公財)日本卓球協会が公認したもの(所定のJTTAワッペンがついているもの)のみを着用する(国際ルールでは、公認制度がなく、審判長が判定する)。
②ラケット本体(木の部分)は(公財)日本卓球協会が認定したものを使用する(国際ルールでは公認制度がなく、審判長が判定する)。
③国内大会では大会要項に定めがない限り、公認ボールならどのメーカーのものでも選択し使用ができる(国際大会では1種類の公認ボールのみ使用)。

PART 3

試合のルール

サービス交替のタイミングは 2ポイントごと

1ゲームごとにエンドを交替する

サービスを交替するタイミングは、双方合計で2ポイント得点が加算されたときです。行われているゲームが終了するまで続きますが、10オール、もしくは促進ルール（82ページ）が適用されたら、1ポイントごとに交替していきます。1ゲームが終わったタイミング、次のゲームで最初にサービスをする順番は替えていきます。サービスと同様に、エンドも1ゲームごとに交替します。勝敗を決める最終ゲームでは、一方の選手が5ポイント先取した時点で、エンドを交替します。

得点の合計が2ポイント増すごとに、それまでレシーブしていた競技者がサービスを行い、ゲームが終了するまで続ける

サービス交替のタイミング

①競技者双方の得点の合計が2ポイント増すごとに交替し、ゲーム終了まで継続する

②10対10の「10オール」になった場合、それ以降は1ポイントごとにサービスを交替する

③促進ルールが適用された場合は、1ポイントごとにサービスを交替する

④1ゲームが終わるごとに、最初にサーブする順番を交替する

エンドの交替

①エンドは、1ゲームごとに交替する

②1マッチの勝敗を決定する最終ゲームでは、どちらかの競技者が5ポイントを先取したときに、互いのエンドを交替する

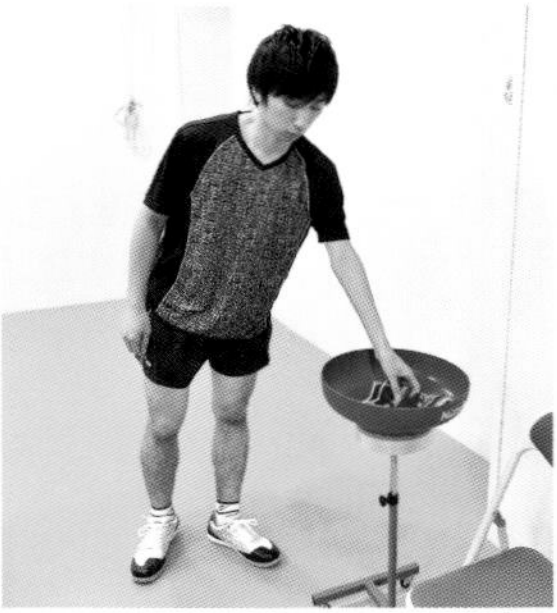

試合中に休憩できるタイミングは決まっている

6ポイントごとに短い休憩が容認されている

試合中に休憩できるタイミングは決まっています。ゲーム中に6ポイントごと。そして、試合の勝敗を決定する最終ゲームのエンド交替時に、タオルを使うための短い休憩が容認されます。また、ゲーム間に、原則1分以内の休憩時間があります。このときに選手はアドバイスを聞くなど、自由に行動できますが、競技領域から3m以上離れてはいけません。団体戦で、2試合連続で競技する場合は、試合間に最大5分までの休憩が与えられます。自由行動が許され、トイレもOKです。

休憩のタイミング

①6ポイントごと、および最終ゲームのエンド交替時に、タオルを使うための休憩がある

②ゲーム間は原則1分以内の休憩時間
自由に行動できるが、競技領域から3m以上離れてはいけない

③団体戦で1人の選手が2試合連続して競技する場合、最大で5分の休憩ができる

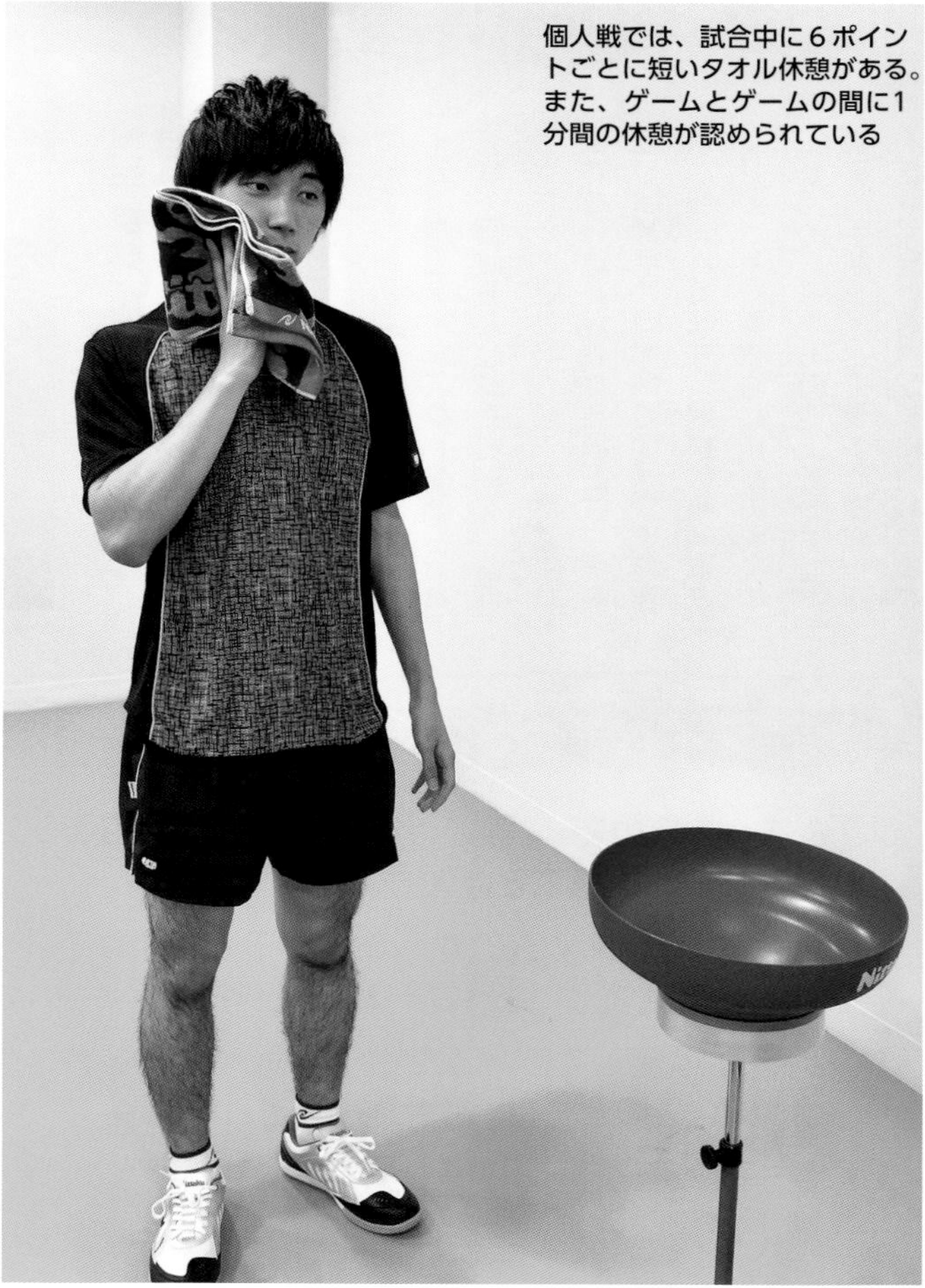

個人戦では、試合中に6ポイントごとに短いタオル休憩がある。また、ゲームとゲームの間に1分間の休憩が認められている

1試合1回だけ最大1分のタイムアウトを取れる

相手がタイムを取ったら自分もベンチに戻れる

ラリー中以外はいつでもタイムアウトを要求することができます。ラリーとラリーの間に、手とラケットで「T」を示すことで、1マッチで1分以内のタイムアウトを選手それぞれ1回取ることができます。選手とベンチのどちらからでも要求できますが、意見が異なる場合は、個人戦では選手、団体戦ではベンチの要求が優先されます。競技の再開はタイムアウトを要求した側が再開を申し出るか、1分が経過した時点です。相手選手がタイムアウトを要求したときは、自分もベンチに戻れます。

タイムアウトの要求と方法

①1マッチの中で、1回だけ1分以内のタイムアウトを要求することができる

②相手選手がタイムアウトを取ると、自分もそれに合わせてベンチに戻ることができる

③両者が連続してタイムアウトを取ることも許される。このときは、合計2分以内となる

④要求した側が再開を申し出るか、1分経過後、競技が再開される

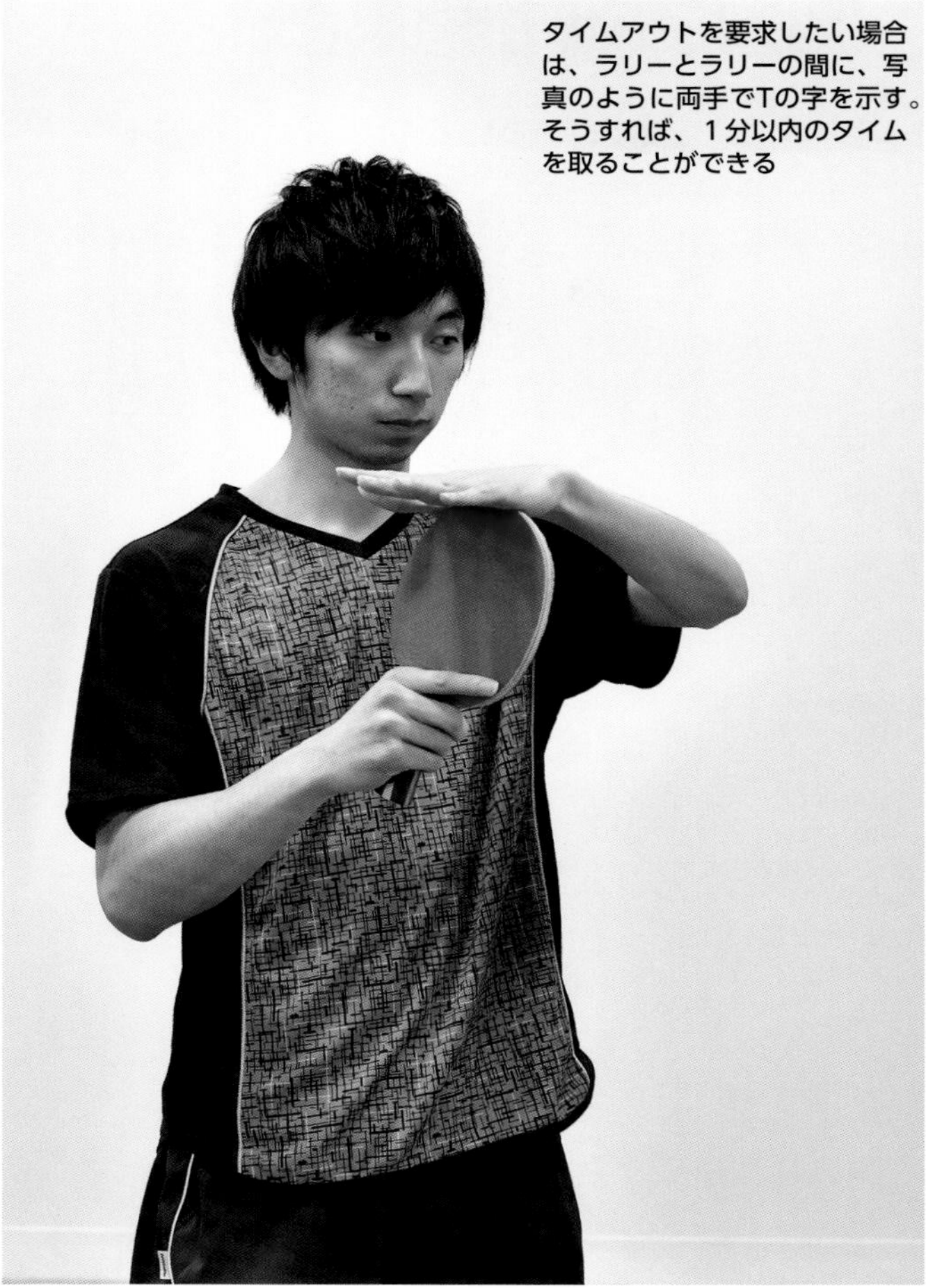

タイムアウトを要求したい場合は、ラリーとラリーの間に、写真のように両手でTの字を示す。そうすれば、１分以内のタイムを取ることができる

ゲーム開始後10分経過したら促進ルールが適用される

レシーバーが13回の返球に成功したら得点

試合時間短縮のために、1ゲームの所要時間が10分を経過した瞬間から促進ルールが適用されます。促進ルールは、双方の得点の合計が18点以上の場合は適用されません。ラリー中に促進ルールに入った場合は中断して、その時点のサーバーからサービスを始め、ラリー中でない場合は、直前のラリーのレシーバーがサービスします。サービスは1本ずつで交替してゲームを進め、通常のポイントに加えて、レシーバーが13回続けてリターンに成功した場合、レシーバー側に得点が与えられます。

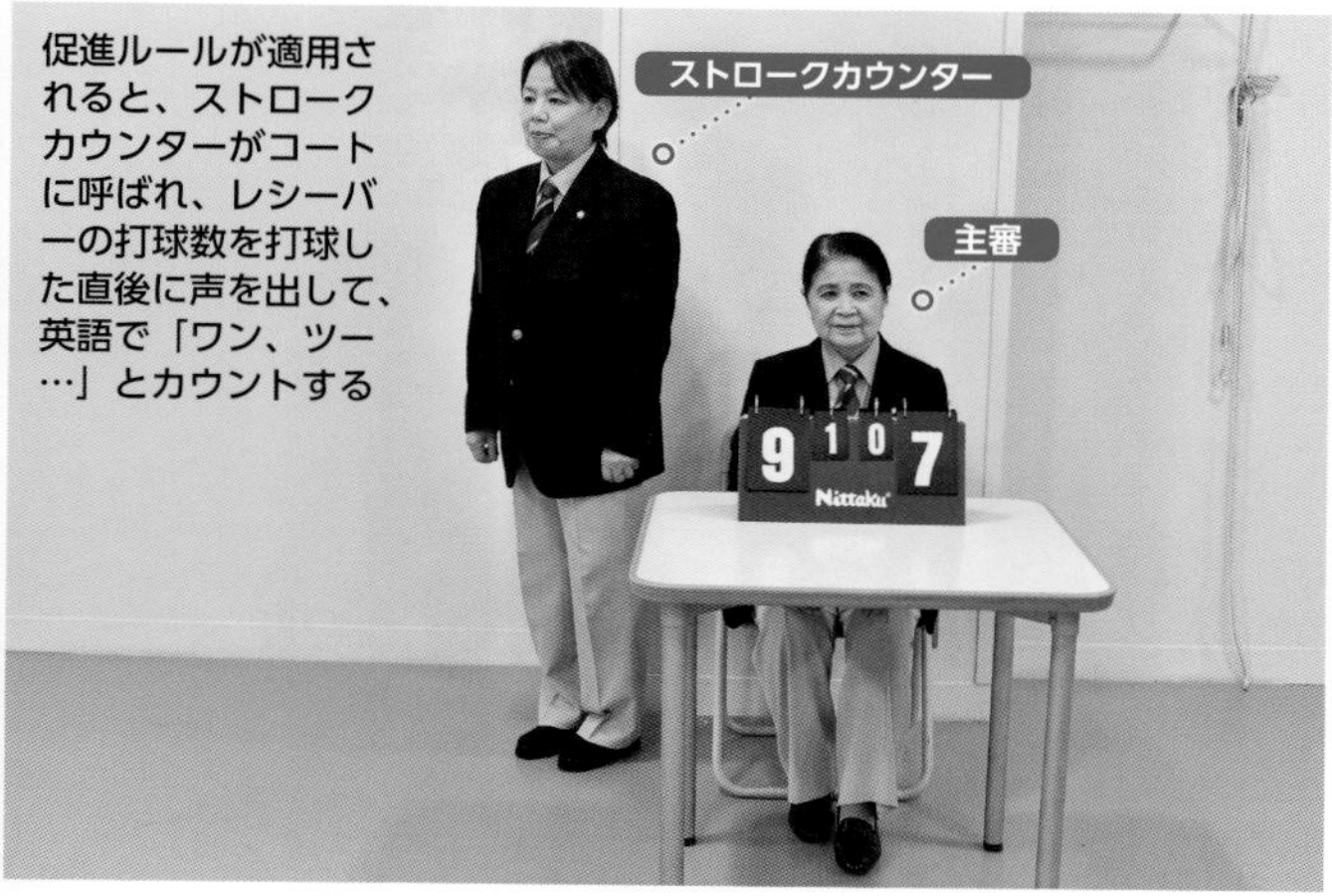

促進ルールが適用されると、ストロークカウンターがコートに呼ばれ、レシーバーの打球数を打球した直後に声を出して、英語で「ワン、ツー…」とカウントする

促進ルール

①ゲーム開始後、10分経過した瞬間に副審は「タイム」をかけ、主審は「レット」を宣告する。しかし双方の得点の合計が18点以上の場合（例えば、9-9あるいは10-8）は、促進ルールが適用されない

②主審は、両選手に促進ルールを宣告する

③サービスは1本ごとに交替する。ラリー中に10分が経過した場合の最初のサーバーは、そのラリーのサーバーとなる。また、ラリー中断時に10分が経過した場合の最初のサーバーは、直前のラリーのレシーバーとなる

④ストロークカウンターは、レシーバーの打球数を1から13まで、英語で主審と両選手、またはチームに聞こえる程度の声で数える

⑤レシーバーが13回の返球に成功したとき、主審は「ストップ」を宣告するとともに、レシーバーに1ポイントを与える

⑥レシーバーの選手が13回の返球をする前に、そのラリーの決着がついた場合には、ラリーの勝者に1ポイントを与える

⑦両選手が申告することによって、10分経過とは関係なく、どの時点からでも促進ルールを適用することもできる

⑧一度促進ルールが適用されると、残りのゲームでは最後まで促進ルールが適用される

選手が事故によって競技不能になったとき中断になる

中断は審判長の判断で認められる

試合の中断は、選手が事故などにより、一時的に競技不能となったときに認められます。中断時間は10分を超えない範囲で、相手選手、またはチームに不当に不利になる恐れがないときに、審判長が判断します。

認められるのは、転倒による選手の負傷など、競技の継続ができない場合に限られ、競技中のストレスや疲労などによる中断は認められません。

他にも、競技領域内で誰かが出血しフロアなどに付着した場合、競技を中断し血液が完全に拭き取られるまで再開できません。

競技者の事故

試合中に、競技者が事故によって、一時的に競技不能になった場合、審判長の判断で中断が認められる。中断時間は10分以内

選手が出血した場合

試合中に鼻血が出てしまったら、一時中断し、血液がすべて拭き取られる（治療される）まで再開することはできない

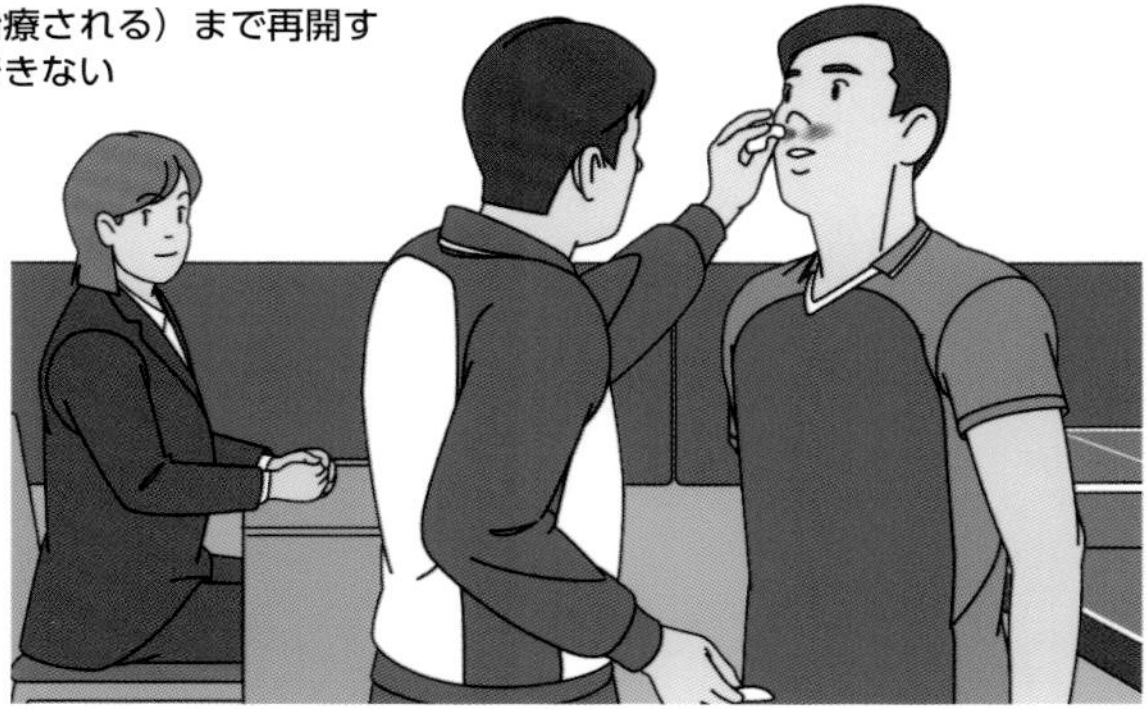

競技領域内で血液が付着した場合

血液がフロアに付着した場合は、直ちに中断し、血液がすべて拭き取られるまで競技は再開できない

競技の継続性に影響を与えなければアドバイスOK

意図的に助言を聞く行為は違反アドバイスになる

これまで「アドバイスはゲーム間の1分間の休憩時間、タイムアウトや中断などの認められた時間にしかできない」と厳しく定められていました。現在では、高校生以下の種目を除いて、「ラリー中でなければ、競技の継続性に影響を与えない限り、いつでもアドバイスができる」と大幅な改定がなされました。

ただし、選手がアドバイスを受けて動作を止めたり、意図的にアドバイザーに近づいて助言をもらう行為は、違反アドバイスとみなされ、バッドマナー対象となります。

違反アドバイスとなる場面

①競技者が、アドバイスを聞いて、そのアドバイスに反応したり、競技動作を止めるようなことがあると違反

②アドバイザーに近寄って、助言を聞くようなことは違反

※個人戦では試合開始前に登録したアドバイザー1名からのみアドバイスを受けることができる

違反アドバイスのペナルティ

個人戦の場合

ベンチから違反アドバイスを出した者にイエローカードが示される

▼

2回目の違反をした場合、レッドカードが示され即退場になる。試合が終わるまで、試合に影響しないところまで離れなければいけない

団体戦の場合

ベンチの誰かが違反したら、連帯責任で全員に対してイエローカードが示される

▼

2回目は実際に違反した人に対して、レッドカードが示され退場となる。ただし、ベンチにいる選手がアドバイス違反で退場となった場合、自分の試合のときだけ戻って出場できる。監督の場合は、試合が終わるまで戻ることはできない。また、代理を新たにベンチ入りさせることもできない

違反・反則になる行為は慎まなければならない

相手選手や観客に不快感を与えないように

選手はもちろん、監督やアドバイザー、コーチは、相手競技者や観客に対して、不快感を与えるような行為をしてはいけません。

相手を威嚇したり、大声を上げたり、フェンスを蹴るなどの暴力行為。そして、審判の判定を無視するなどはバッドマナーで違反です。

また、審判長の許可なく選手がプレー領域から遠く離れたり、監督などが競技領域に入った場合も違反になります。

ケース① 相手を威嚇するような大声やガッツポーズ

大声で叫んで相手競技者を威嚇したり、観客に不快感を与えてしまうのはバッドマナーに当たる

ケース② 汚い言葉を使う

相手選手や観客に、不快感を与えるような汚い言葉を使うとバッドマナーに当たる

ケース③ 故意にボールを潰したりラケットでテーブルをたたく

ラケットなどで、故意にボールを潰すのはバッドマナーに当たる

ケース④ 卓球台やフェンスを蹴る

プレーのミスなどから感情的になり、卓球台やフェンスを蹴る選手がいるが、これもバッドマナーだ

ケース⑤ プレー時間を遅らせる

ボールを必要以上に台に突くなど、プレー時間を遅らせる行為は違反になる

ケース⑥ ラリーの継続中にアドバイスをする

ラリーしているときに、選手の動作が止まるくらいのアドバイスをすると、違反アドバイスと判定される

ケース⑦ 選手が許可なく競技領域の外に出る

審判長の許可がない限り、試合中に競技領域を離れてはいけない。ただし、競技領域外に出たボールを追いかけて打球したり、あるいはボール拾いなどで競技領域外に出ることは認められる

ケース⑧ アドバイザーが規定の休憩時間以外に競技領域に入る

ベンチにいるコーチやアドバイザーが
競技領域に入ってはいけない

ケース⑨ 審判員の指示を無視する

審判員や競技役員の指示を無視して勝手な行動をとることはバッドマナーとなる

ケース⑩ ベンチで携帯電話を使用してはいけない

ベンチで携帯電話等の着信音を鳴らしたり、使用する行為は違反となる。観覧席から鳴り物で応援する行為は認められているが、選手がサービスの構えに入ったら静かにすること

2回警告を受けると相手に1ポイント入る

3回目は2ポイント4回目は原則失格になる

選手や監督、コーチまたはアドバイザーが、ルール違反を犯した場合は、初めてのときに警告としてイエローカードが示されます。その後、同じ個人戦または団体戦において、一度警告を受けた者が、再び違反行為を行った場合は、イエローカードとレッドカードが同時に示され、相手側に1ポイントの得点が与えられます。3回目は、相手側に2ポイントの得点が与えられ、さらに4回目があった場合は競技が中断され、主審から報告を受けた審判長により原則失格になります。

違反をするとカードが示される

1回目に違反をすると、警告のためイエローカードが示される

2回目の違反には、イエローカードとレッドカードが示され、相手に1ポイントが入る

ペナルティのルール

1回目の違反

警告としてイエローカードを示される

2回目の違反

イエローカードとレッドカードを示され、相手に1ポイントの得点が入る

※以降は1回目と異なる行為でも適用される

3回目の違反

イエローカードとレッドカードが示され、相手に2ポイントの得点が入る

4回目の違反

試合が中断され、主審から報告を受けた審判長の裁定により原則失格になる

重大なルール違反の場合

重大なルール違反を犯した場合は、それが初めての違反であっても失格になることがある

POINT!

10対9で違反した場合のカウント

例えば、10対９のときに、9点を取っているほうが3回目の違反をして、相手に２ポイントが入った場合は、その試合は11対９で終わりになり、次のゲームに１ポイント持ち越し、１対０のカウントから始まる

事実の判定に対して原則抗議することはできない

判定への抗議ではなく主審のルール解釈を正すことは可能

ルールとして、選手同士または監督同士で合意したとしても、主審や副審などによる事実問題の判定に対して抗議はできません。ただし、主審や副審が、ルール解釈を間違えて判定した場合には、審判長に抗議することができます。

個人戦では、問題が生じた場面に参加していた選手のみに抗議権が与えられていますが、競技中はコートを離れることができないルールになっていますので、試合を止めて審判長を呼んで判定をしてもらうことになります。

抗議権の所有者

個人戦の場合

問題が生じたマッチに参加していた選手のみ

団体戦の場合

問題が生じた場面に立ち会った監督のみが抗議できる。監督が不在のときは、指名されている代理の者

抗議の流れ

選手、または監督によって
抗議がなされた

▼ ▼

主審・副審・ストロークカウンターの判定に対して	主審・副審がルール解釈を間違えて判定した場合
事実問題の判定に関しては却下される	選手、または監督は審判長に抗議することができる。その際、審判長の決定が最終的なものになる

▼

納得できない場合は、提訴はできるが、その大会では認められず、最終決定は覆らない。

今後の問題として検討すべきことであれば、大会運営委員会で討議される

棄権かどうかの判断は大会の審判長が決める

団体戦は当該選手とチームのどちらを不戦敗にするか判断

予定されている試合に選手、あるいはチームが到着していない場合は棄権となり、相手選手、相手チームの不戦勝となります。棄権の判断は、大会の審判長が決めます。

団体戦の場合は、その遅れた選手のみか、チーム全体を負けにするのかなども判断対象です。仮に当該選手だけを負けにする場合は、同率になった場合の得失点差を考慮し、各ゲームのポイントは11-0と記録するのが一般的です。負傷などにより、試合途中で棄権になった場合は、そこまでのポイントを有効にします。

棄権の記録の取り扱い方

はじめから棄権がわかっている場合

①大会に参加申し込みをしたのに棄権した場合は、記録なし

②選手の急病などで、ある試合だけ棄権した場合は、勝者のゲームスコア欄に「W(Winner)」、ポイントスコア欄に「W/O(Walk Over)」、敗者のゲームスコア欄に「L(Loser)」と記録する

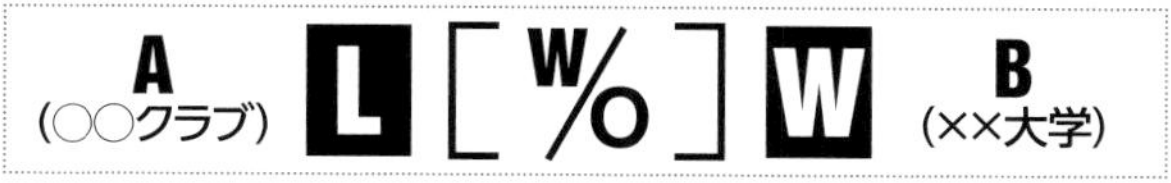

試合途中で棄権した場合

①その時点での得点を対戦カードに記録する

②勝者のゲームスコア欄に「W(Winner)」、ポイントスコア欄に「W/O(Walk Over)」、敗者のゲームスコア欄に「L(Loser)」と記録する

《例》第2ゲームの6-5の時に、A選手がケイレンを起こして試合不可能になった

オーダー交換をしていなければ修正して再提出できる

提出されたオーダーは最大限有効として考える

団体戦でのオーダー作成から提出時までに発見されたオーダーミスについては、提出されたオーダーを最大限有効として試合を成立させるのが基本的な考え方になります。

試合前のオーダー作成時にミスが発見された場合は、オーダーの交換が済んでいなければ、修正して再提出することができます。もし交換後であれば、両監督を呼び修正します。試合が終了して、次の試合が始まる前なら検討しますが、相手がその場にいない場合や、次の試合が始まっている場合は有効となります。

オーダーミスのガイドライン

試合前のオーダー作成段階で気づいた場合

①交換が済んでいない場合、間違ったほうの監督が間違いを正して再提出

②交換後のチェックで、試合が始まっていない段階で間違いが発見された場合、両監督を呼んで、間違いを正し、修正できるところは修正してもらう。意見が合わない場合は、次項（101ページ上段）に従い解決する

試合中に間違いが発見された場合

①名前の一部が違う
（例:「郎」が「朗」）
この場合は、監督に厳重注意をし、有効として試合を進める

②資格のない選手、本来出場できない選手が出場した場合は、該当選手を負けとし、他は有効として試合を進める

③オーダーが基準に合っていない場合、基準に合っていない最初の試合を負けとする
（例:1・2番の選手でダブルスが組めない試合で、1・2番がダブルスで出るオーダーをした場合、ダブルスを負けとして試合を進める）

④名前を偽ってオーダーに記入された選手と違った選手が出た場合、チームを負けとする。間違いが偽りかは審判長の判断に任せる

試合が終了してから間違いに気づいた場合

①すでに表彰式も終了している場合は、すべて有効として取り扱う

②決勝終了後、表彰式前なら試合内容を検討する。悪質なものは、失格を含めて順位の入れ替えをする

③次の試合がまだ始まっていない場合は、再試合を含めて検討する

④試合が始まってから、その前の試合に不具合が発見された場合は、すでに終了した試合は有効として取り扱う

試合時間が短くなった理由

昔は1試合の時間がとても長かった!?

促進ルールが採用されたのは1963年（昭和38年）のことです。

また、1937年（昭和12年）に、1ゲーム20分という制限時間が導入されたと言われていますから、その前まではずいぶん長い試合があって、時間制限ルールの導入に至ったのだろうと想像されます。

これまでの世界選手権で記録に残っている一番長いラリーは、1936年（昭和11年）にプラハ大会で男子団体戦のエーリッヒ選手（ポーランド）とパネス選手（ルーマニア）の試合で、1本のラリーが2時間5分（あるいは2時間12分）というのがあります。これは仮に1分間60回往復のペースでラリーを続けたとすると、なんとラリーが約7500本（あるいは約7920本）続いたことになります。

一方、日本国内の試合では、1933年（昭和8年）の第2回全国学校対抗の決勝戦で、今孝選手（青森商業）と宮川顕次郎選手（青森中学）の試合が約7時間の熱戦となり、宮川選手が勝利したという記録が残っています。

それに比べれば、現在の卓球の試合時間は大変短くスピーディーということになります。

PART 4

ダブルスのルール

ユニフォームデザインはペアで上下とも同じにする

混合ダブルスの場合は女子はスカートでもOK

ダブルスをするときのユニフォームは、シングルスと同じでJTTAが公認しているものを着用する必要があります（22ページ）。そのとき、ユニフォームのデザインを、ペア同士で上下ともに同じものにしなければいけません。もちろん、対戦する選手が着用するものとは、別の色などのユニフォームにすることが定められています。

ただし、男女でペアを組む混合ダブルスでは、男子選手がショーツ、女子選手がスカートを着用しても問題ありません。

ダブルスでのユニフォームの規定

①ユニフォームはチームを組んだ競技者同士で同じデザインにしなければいけない

②混合ダブルスの場合は、男子がショーツ、女子がスカートでも構わない

③団体戦のときはシングルス、ダブルスに限らず、チームが同じユニフォームでなければならない

ダブルスを組む競技者は、同じユニフォームでなければならないが、シューズ、ソックス、服装についている広告の数や大きさ、色、デザインは除く

交互にリターンを返すのが ダブルスの基本ルール

車椅子を使用する場合は特別ルールがある

ダブルスの基本ルールとして、ラリーの順番があります。ペアで交互にリターンする必要があり、同じ競技者が続けて打ってしまうとミスになります。サービスにも決まりがあります。自分側（サーバー側）のライトハーフコート（右側のハーフコート）から、相手側のライトハーフコートにボールを入れなくてはなりません。ダブルスのペアに車椅子を使用する選手がいる場合には特別ルールで、最初のレシーバーのみ決まっていて、2球目以降は、そのペアどちらの選手がリターンしてもOKとなります。

ダブルスの競技規則

①チーム を組んだ競技者同士で、交互にリターンをしなければいけない

②サービスでは、自分側のライトハーフコートから、相手側のライトハーフコート内にバウンドさせるように入れなければいけない
（→109ページ）
その後は、ライトハーフまたはレフトハーフコートのどちらにでも打ち返すことができる

NG ダブルスで同じ選手が打ち続けるのはNG

ダブルスでは、ペアで交互に打たなければならない。同じ選手が打ち続けるとミスになる

車椅子ダブルス競技の特別ルール

①少なくとも競技者のうち一人が車椅子を使用する組は、サービス・レシーブが終わったあとでは、テニスと同じように、どちらがリターンしても構わない

②少なくとも競技者のうち一人が車椅子を使用する組は、競技者の車椅子の車輪の一部あるいは立位の競技者の足はいかなる場合も、センターラインの延長線を越えてはならない。越えた場合には相手のポイントとなる

自分側のライトハーフコートから相手側のライトハーフコートへ

サービスの順序は試合前のジャンケンで

ダブルスのサービスは、サーバーから見て、自コートのセンターラインを含む右側（ライトハーフコート）にボールをバウンドさせたあと、相手コートの右半分にバウンドするように打たなくてはいけません。センターラインは右側のハーフコートに属すと定められていますので、センターラインにボールが触れた場合は有効打となります。また、ダブルスでのサービス順序は、試合前のジャンケンによって決められ、ジャンケンの勝者はサービスかレシーブを選ぶか、エンドを選べます。

ダブルスのサービス順序

ジャンケンに勝ったペアは①か②を選択する権利がある

▼

①サービスを選ぶかレシーブを選ぶ

②サービスとレシーブの選択権を放棄して、最初にどちらのエンドで試合開始するか選択する

▼

ジャンケンに負けたペアに、①と②のうち、ジャンケンに勝った競技者が選ばなかったほうについての選択権が与えられる

▼

これらの選択権の行使により、どちらのペアが最初にサービスをするかが決定する

サービスが出せる範囲

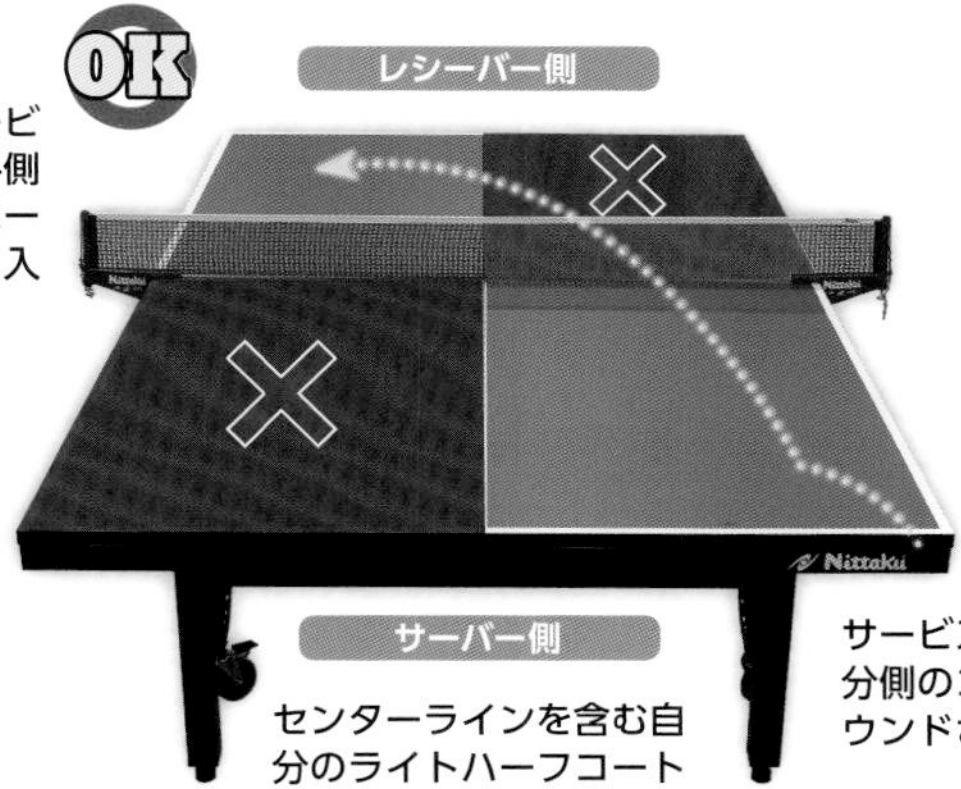

打ったサービスは、相手側のライトハーフコートに入れる

サービスは一度自分側のコートにバウンドさせる

センターラインを含む自分のライトハーフコートからサービスを打つ

相手から見て左側のコートにサービスが入るとミスになる

サービスを最初に出すペアは ゲームごとに交互に交替する

第2ゲーム以降は サーバーとレシーバーが交代

サービスを最初に出すペアは、ゲームごとに交替するのが決まりです。最初にサーバーになったペアは、どちらが先に打つか相手ペアに伝えます。そして、相手もどちらが先にレシーブするかを決めます。

　また、ダブルスのラリーは1球ずつ交互にボールを打ちます。順番は、図のようにサーバー組をA／B、レシーバー組をX／Yとしたとき、第1ゲームでは時計回りにラリーが進みます。第2ゲーム以降は、サーバーとレシーバーが交替し、ペアのどちらがサービスを始めてもOKです。

第1ゲームの順序

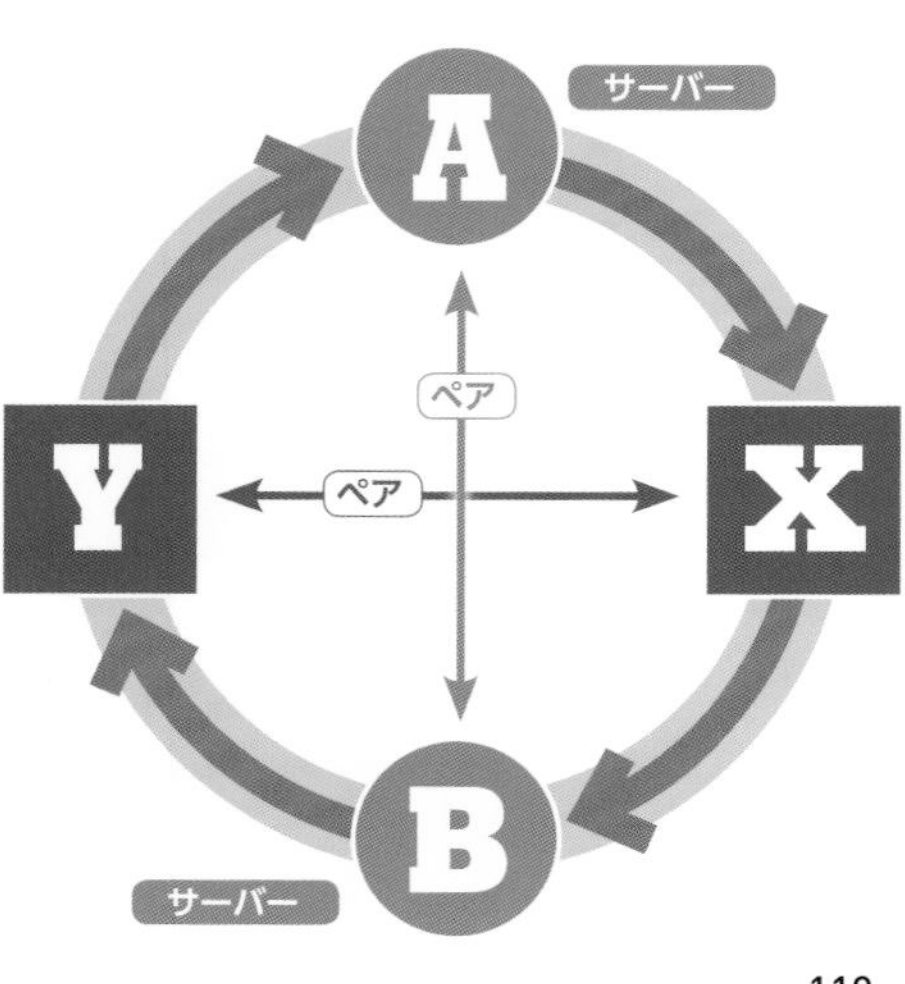

最初にサービスを出すペアがA/B組のAとし、レシーバーがXと決まった場合、Aがサービスを出すとXがレシーブをし、A⇒X⇒B⇒Y⇒Aと時計回りにラリーが進んでいく

Aが続けて2本のサービスを出し終えたら、次のサービスはXに代わり、Xが2本のサービスを出し終えたら次のサーバーはBとなり、B⇒Y⇒A⇒X⇒B…の順番でサービス、レシーブが進む

第2ゲームの順序

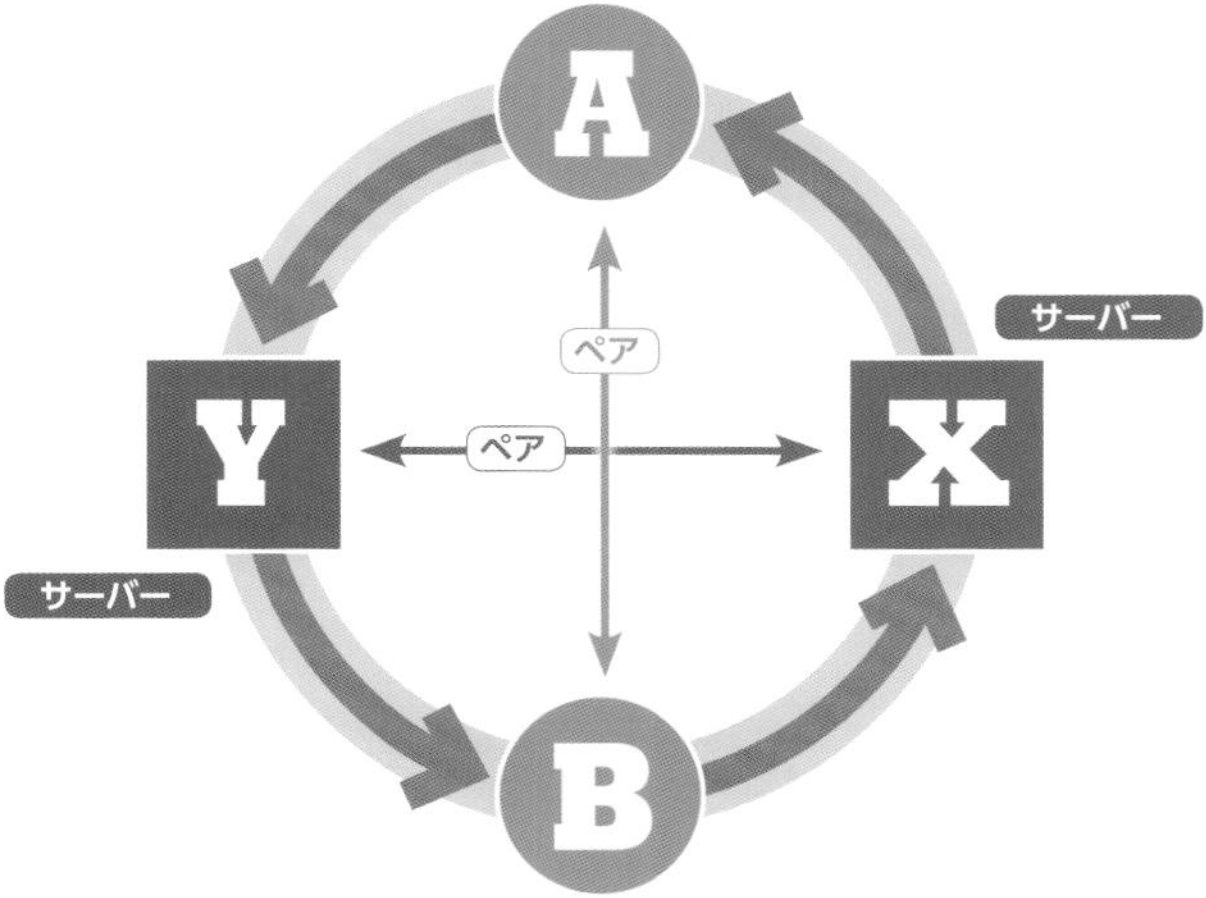

ゲームが変われば、サービスを最初に打つペアが変わる
⇩
第２ゲームでは、X・Y組が最初のサービスを出し、
A・B組が最初のレシーバーになるが、
最初のサーバーは、XまたはYのどちらでも良い
⇩
ただし、Xが最初のサーバーとなった場合は、
最初のレシーバーはAとなる。
最初のサーバーがYなら、最初のレシーバーはBとなる
⇩
第2ゲームでは反時計回りに、
2本交替でY→B→X→Aの順でラリーが進められる

奇数と偶数ゲームで順序を変える

奇数のゲームでの順序

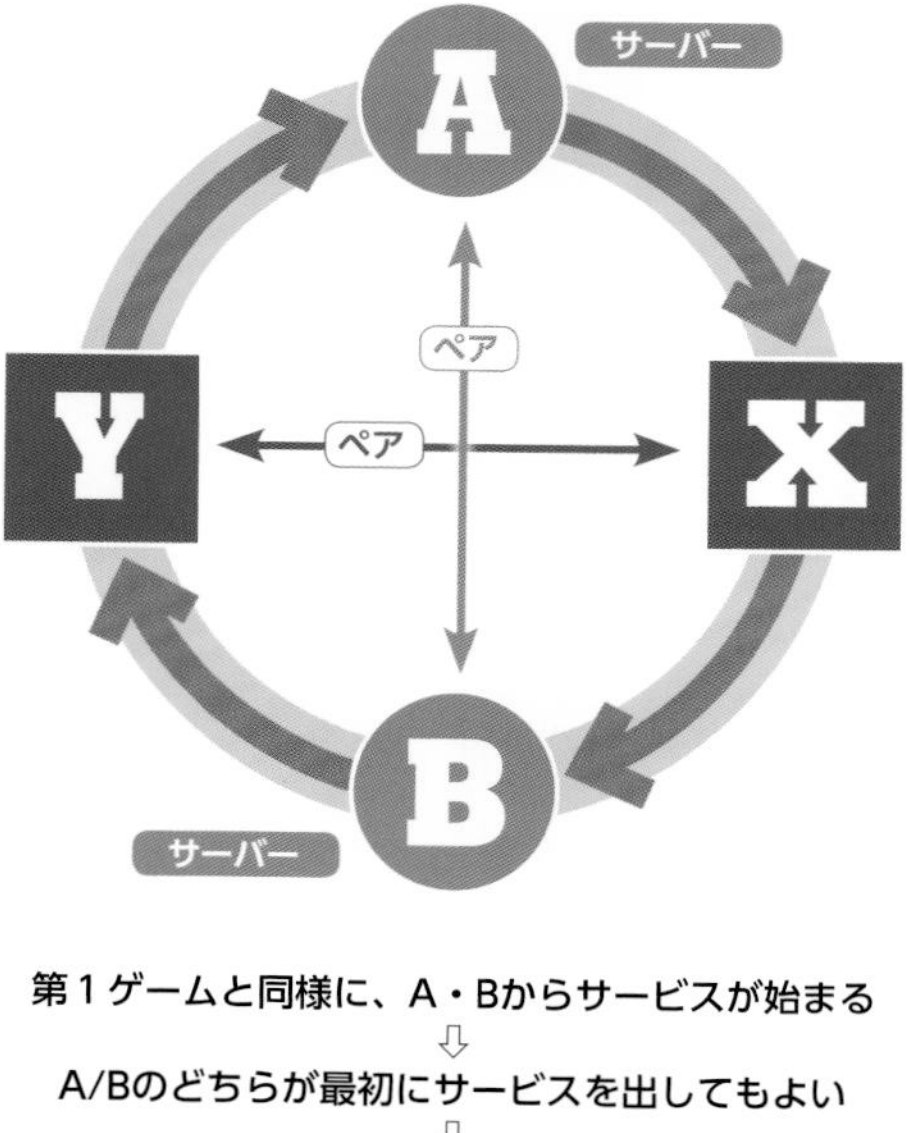

第１ゲームと同様に、A・Bからサービスが始まる

⇩

A/Bのどちらが最初にサービスを出してもよい

⇩

ただし、打球順序は、
A⇒X⇒B⇒Y⇒A……
（または、B⇒Y⇒A⇒X⇒B…）とする

⇩

また、サービス、レシーブも2本交替で行う

偶数のゲームでの順序

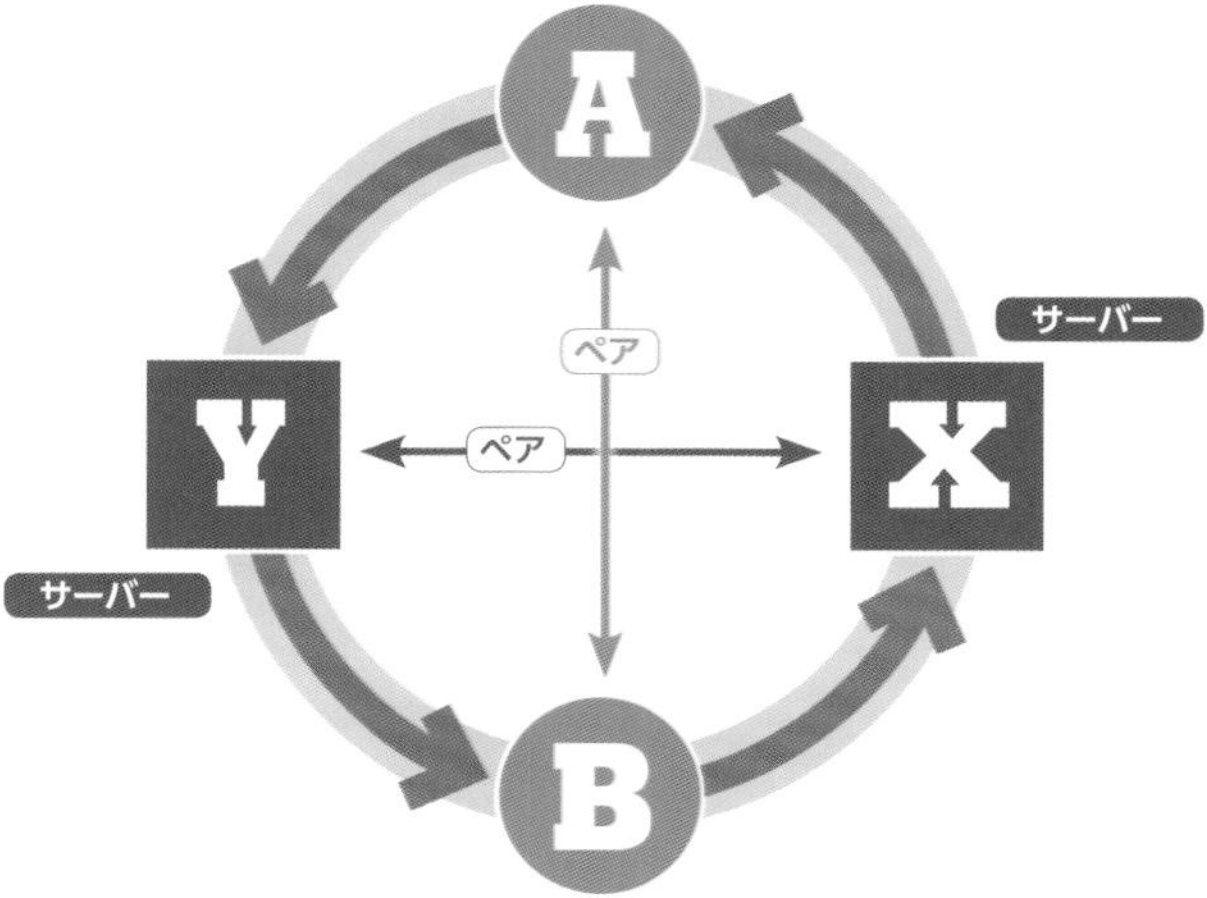

第2ゲームと同様に、X・Yからサービスが始まる

⇩

X/Yのどちらが最初にサービスを出してもよい

⇩

ただし、打球順序は、
X⇒A⇒Y⇒B⇒X……
（または、Y⇒B⇒X⇒A⇒Y…）の順に進める

⇩

サービス、レシーブも2本交替で行う

最終ゲームはどちらかが5ポイント先取でエンド交替

最終ゲームの順序

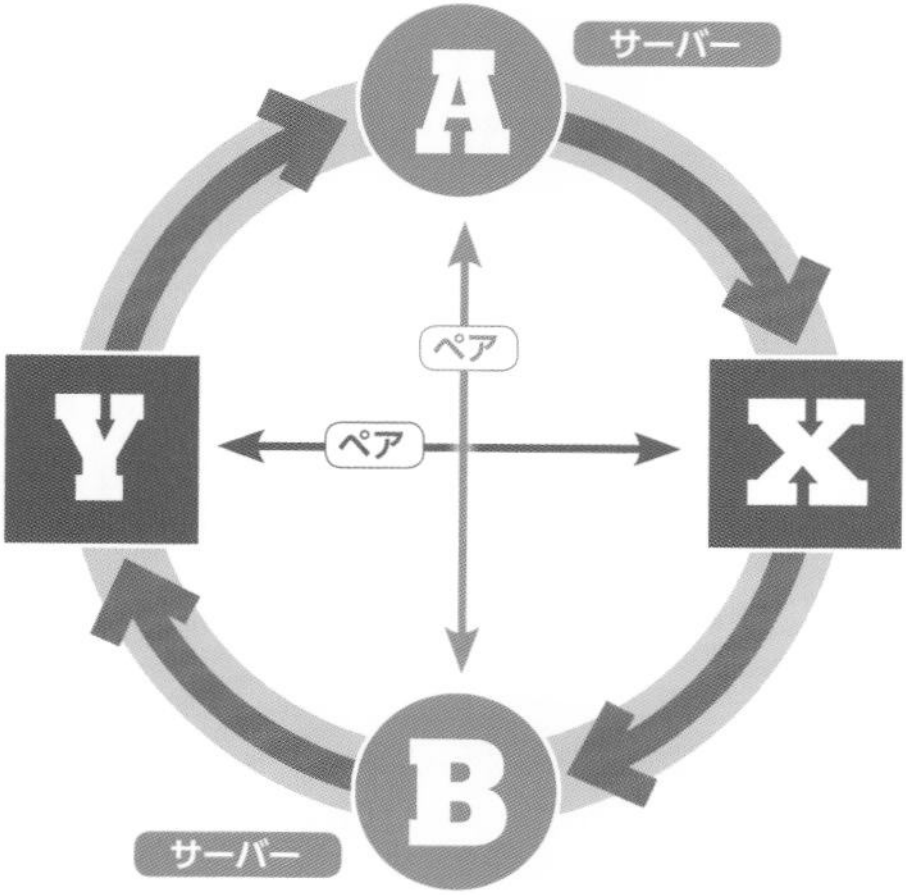

最終ゲームでは、再び第1・第３ゲームと同様に、
A・B組からサービスが始まる
⇩
A/Bのどちらが最初にサービスを出してもよい
⇩
また、打球順序は時計回りに、
A⇒X⇒B⇒Y⇒A……
（または、B⇒Y⇒A⇒X⇒B…）と
ラリーが進んでいく
⇩
サービス、レシーブも2本交替で行う

最終ゲームでどちらかが5ポイント先取した場合の順序

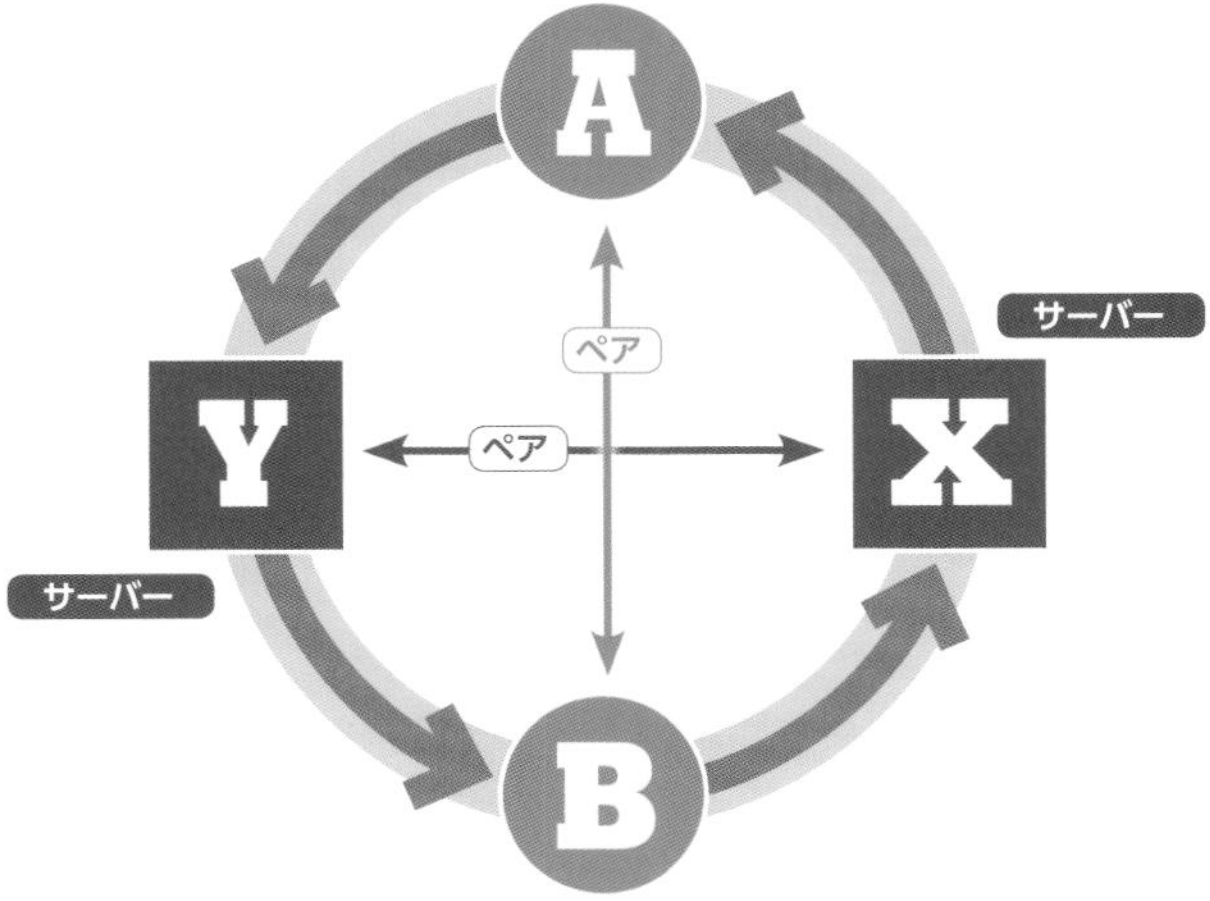

どちらかの組が最初に5ポイントを取ったら、
エンドを交替
⇩
そのときにレシーブ側になっている組は、
第2ゲームと同じ順序になるように
レシーバーの選手を交替する
⇩
これにより、打球順序は、偶数ゲームと同じの
X⇒A⇒Y⇒B⇒X……
（または、Y⇒B⇒X⇒A⇒Y…）の順序に替わり
試合終了まで、この順序で進める

なぜスピードグルーは禁止なのか?

故荻村会長の遺志を継ぎ クリーンな卓球競技に

現在、全面的にスピードグルー(弾む接着剤)の使用が禁止され、違反すると失格になるルールが適用されています。

ラバーを貼るときに使用する接着剤により、スピードとスピンの性能が改善されることが発見されたのは、1970年代の後半です。ハンガリーのクランパ選手がその効果を利用して試合に臨んだ最初の選手と言われています。接着剤は5～10%がゴムで、残りの90～95%がトルエンと呼ばれる発がん性のある毒性の強い有機溶剤でした。

このため、当時の中高生がそのガスを吸うシンナー遊びの目的で、卓球用の接着剤を買うという問題が起こりました。また、世界チャンピオンのワルドナー選手がラバーを貼っているところを見学していた子どもが、そのガスを吸って意識不明になるといった事件もおきました。この状況に危機感を持った当時の国際卓球連盟の故荻村伊智朗会長は、有機溶剤を使用しない取り組みを始めました。荻村会長は、その実現を見ずに他界されましたが、その遺志を継いで、日本がリードして「ラケットコントロール」と呼ばれる試合前検査で、有機溶剤を含まない接着剤を使用する、クリーンな卓球競技として出発する新しい道を作り出しました。

PART 5

審判員の役割とルール

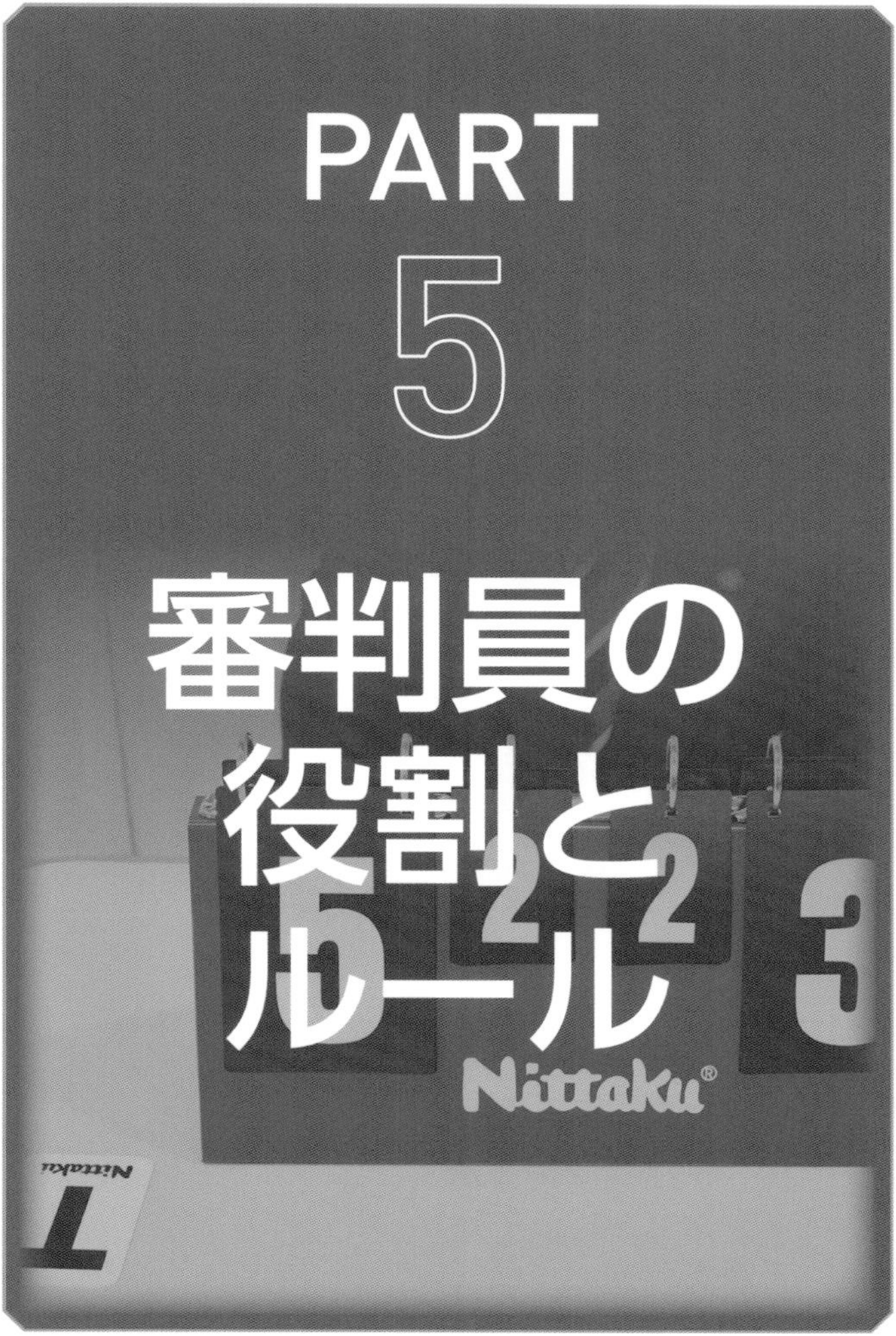

主審と副審、ストロークカウンターの総称が審判員

主審は正確なジャッジと宣告を行うのが役割

卓球の審判員とは、主審と副審、そしてストロークカウンターを総称したものです。ルールに精通し、試合中に公正で的確な判断と、敏速な処理を行います。各マッチで、主審は1名指名され、ネットの延長線上の位置に座るか立っています。

主審は、主に服装や用具の点検、サービスやラリーの判定、ポイントやスコアを宣告します。副審がいるときは、競技領域の整備は主に副審が担当します。競技者は競技領域に到着してから離れるまで主審の管轄下です。

主審の権限と主な役割

①用具および競技条件の適正を検査し、欠陥があれば審判長に報告する

②競技者が試合ボールを選択せずに競技テーブルに来た場合、主審が無作為に選んだボールで競技を進行する

③サーブ、レシーブおよびエンドの選択のジャンケンを実施する

④身体障害によるサービスの要件の緩和を決定できる
⑤サービス、レシーブおよびエンドの順序を確認し、誤りがあれば正す
⑥サービス動作がルールに適合しているかどうか判定する
⑦サービスのときに、ボールがネットアセンブリに触れたかどうか判定する
⑧各ラリーがポイントになるかレットになるか判定する
⑨競技者がオブストラクション（進路妨害）したかどうか判定する
⑩競技条件に何らかの支障が出て、ラリーが続けられない状態かどうか判定する
⑪規定された手順に従い、ポイントスコアを宣告する
⑫適切な時点（10分）で促進ルールを適用する
⑬ルール違反に対し、警告、ペナルティポイントの適用または退場を宣告することができる
⑭競技者は競技領域に到着してから離れるまで主審の管轄下にある

副審は主審との協議のもと分担された任務を持つ

ストロークカウンターは促進ルール適用時に指名

副審は主審との協議のもと任務を分担します。卓球台をはさんで主審と反対側に対面して座り、副審に近い側の「エッジボール」の判定をしたり、違反やバッドマナーがあった場合は、主審に報告することができます。他にも、違反サービスやオブストラクションの判定、試合時間の計測、サービスのネット接触などについて、主審と同等の権限を持ちます。

　ストロークカウンターは、促進ルールが適用された場合に指名されます。主審は副審が自らの権限内で下した判定を退けることはできません。

主審と副審の位置

主審と副審は、卓球台をはさんだ反対側に対面し、ダブルスでは、主審は専用の椅子に座るか立位で任務につく。副審は座ったまま任務につく。カウント器は主審か副審のどちらかの前に置かれる

副審の役割

①サービス動作がルールに適合しているかどうか判定する
②サービスのときに、ボールがネットアセンブリに触れたかどうか判定する
③競技条件に何らかの支障が出て、ラリーが続けられない状態かどうか判定する（ボールが主審から見えない角度から飛んでくる場合もあるため）
④競技者がオブストラクションしたかどうか判定する
⑤副審に近いサイドについてのみ、エッジかサイドか判定することができる
⑥アドバイス違反やバッドマナーがあった場合、主審に報告することができる
⑦ゲーム開始前の練習時間、ゲーム開始後の試合時間、ゲームとゲームの間の休憩時間、タイムアウトの時間および認められた競技中断時間を計測する

ストロークカウンターの役割

①促進ルールが適用された場合、副審または別の役員がストロークカウンターに指名される
②レシーブする競技者または組の打球数を、ボールがラケットに当たった直後に英語で主審と競技者に聞こえるように教える
③ストロークカウンターが誤った判定をした場合、主審はこれを正すことができる

主審が行う宣告は英語で行われる

宣告とともにジェスチャーを使う

主審は、マッチ開始から終了までに以下の表にあるような宣告を行います。この宣告は、基本的に英語です。ゲーム開始時には、ジェスチャーとともにサーバーの名前を宣告し、サービス交代時にはジェスチャーのみで示します。

ポイントの「0」は、「ゼロ」か「ラブ」のどちらを採用してもよいですが、混合させて使わずに、試合中はどちらかに統一するようにしましょう。ポイントを宣告するときは、2ポイントごとに、次にサービスを出す側の得点を先にして宣告します。

1マッチにおける標準的な宣告

ゲーム開始時の宣告

A ヴァーサス B　ベストオブ ファイブ　ファーストゲーム

A versus B, Best of 5. 1st game.

A トゥ　サーブ　ラブオール

A to serve. Love all.

※A・Bには両競技者の姓がそれぞれ入る

5-5のとき

ファイブオール

5 all.

10-10になったとき

10 all《テンオール》.

ゲーム終了時

11-○ Game to A《イレブン ○ ゲーム トゥ A》.

※○には負けたほうの得点、
「A」にはゲームを取ったほうの名前が入る

次のゲームに入る前の宣告

○○ game. B to serve. Love all《○○ゲーム B トゥ サーブ ラブオール》.

※○○の部分には「セカンド」「サード」とゲーム数が入る

最終ゲームに入る前の宣告

Final game. A to serve. Love all《ファイナルゲーム A トゥ サーブ ラブオール》.

最終ゲーム終了時

11-○ Game and Match to A《11-○ ゲーム アンド マッチ トゥA》.

※「A」には試合に勝ったほうの名前が入る

主な宣告の種類

●タイム
時間に関する宣告をする場合（１分間の休憩終了時、２分間の練習終了時、促進ルール適用時など）

●タイムアウト
どちらかの選手またはベンチがタイムアウトを要求したときに宣告

●ストップ
ラリーを止めるときに宣告。通常、副審の宣告用語

●プレー
中断したゲームを再開するときに宣告

●レット
ノーカウントにする場合。主審の宣告用語（副審は宣告しない）

●コレクション
主審が誤りを訂正するときに宣告

●フォールト
正規のサービスが行われなかった場合

●ネット
サービスでボールがネットに触れて相手コートに入ったときに宣告

●サイド
ボールがテーブルの側面に当たったときに宣告

●タッチト・ネット
プレー中に競技者自身および、衣服やラケットがネットアセンブリに触れた場合

●ムーブド・テーブル
プレー中に競技者が台を動かしてしまったとき

●ハンド・オン・テーブル
プレー中に競技者のフリーハンドが、プレーイングサーフェスに触れた場合

●オブストラクション
進路妨害があった場合

●ダブル・バウンス
プレー中にサービスを除いてボールが打球される前に、プレーイングサーフェスで2回バウンドした場合

●ロン・プレーヤー
ダブルスでサービス、レシーブを除き、順序を間違えてボールを打った場合

●ロン・サイド
ダブルスのサービスで、ボールが間違ったハーフコートに触れた場合

●チェンジエンド
最終ゲームで片方が5本先取し、エンドを交替するときに宣告

宣告に加えて手でジェスチャーをする

審判員だけでなく競技者もジェスチャーを覚えておく

主審はポイントなどを宣告するのに加えて、決定を示すためにジェスチャー（ハンドシグナル）を使用します。騒音がひどくて競技者や観客が、審判の宣告がよく聞こえないときなどにとても有効です。

副審も自身の権限で、決定を下したときに、主審の注意を引くためジェスチャーを行います。

ジェスチャーは明快であるべきですが、派手すぎたり威圧的であってはいけません。これらのジェスチャーが何を示すか、競技者もしっかり覚えておきましょう。

ゲーム開始時の宣告

ゲーム開始時、主審は、サーバー名を宣告しながら、サーバー側に手のひらを斜め上にして軽く腕を伸ばす

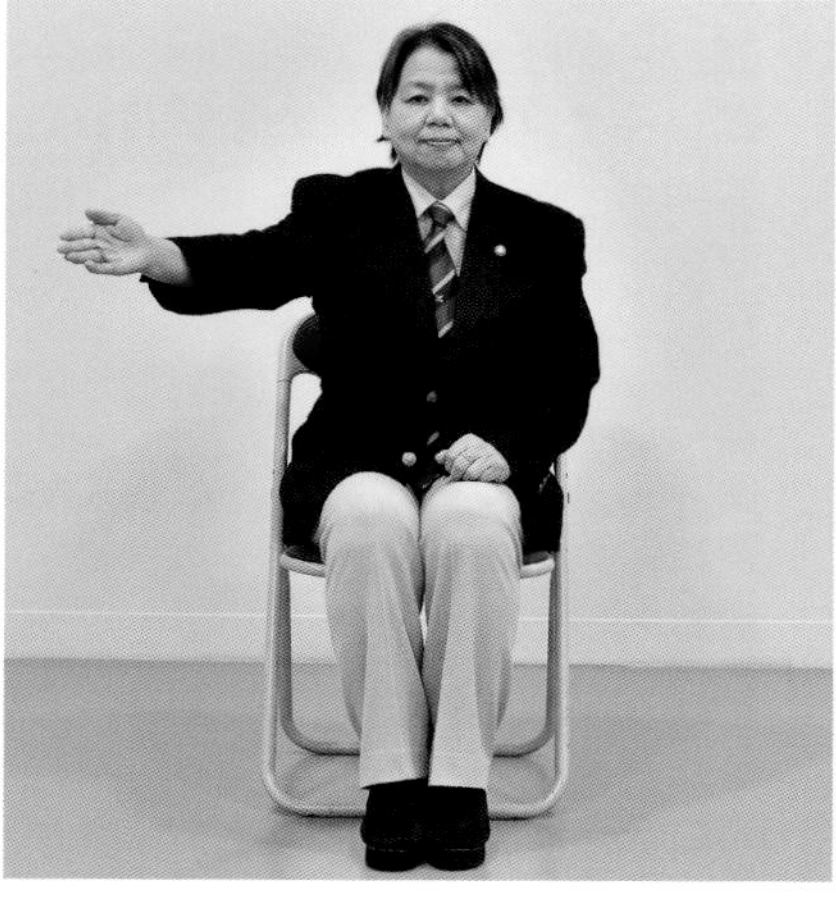

レット/ストップ/タイム/ネットの宣告

右手を開いて指を伸ばし、手のひらを正面に向けて頭上高く上げて宣告する。「レット」「ストップ」「タイム」「ネット」のいずれも同じジェスチャーをする

副審も「ストップ」「タイム」「オブストラクション」などの宣告時に行う

ポイントの宣告

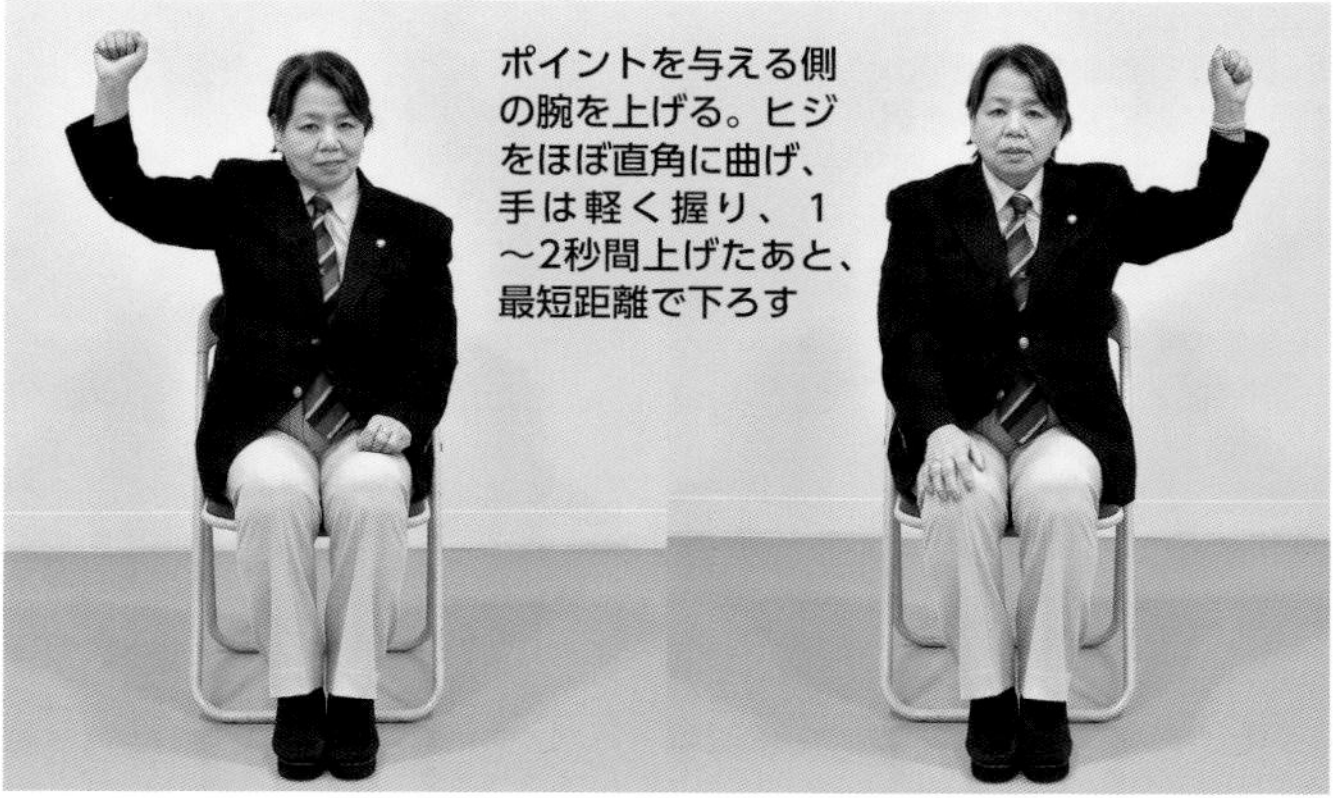

ポイントを与える側の腕を上げる。ヒジをほぼ直角に曲げ、手は軽く握り、1〜2秒間上げたあと、最短距離で下ろす

サイドの宣告

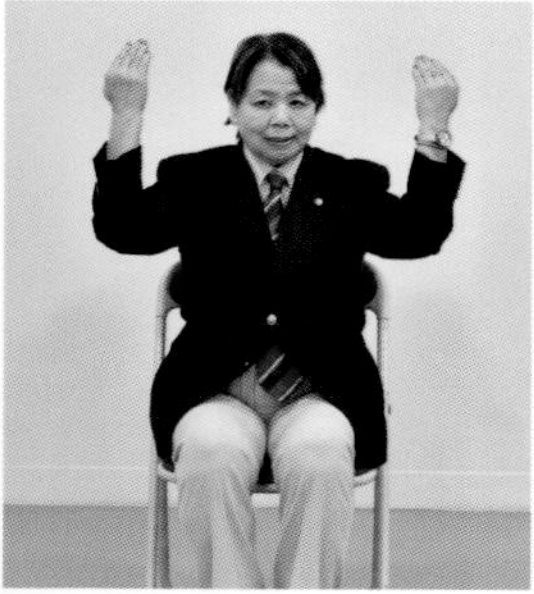

プレー中のボールが、テーブルのサイドに触れた場合、必要なら手のひらを手前に向けて示す

エッジの宣告

プレー中のボールがテーブルのエッジに触れてポイントになった場合、必要ならボールの触れたエッジ部分を指し示す

スロープレーへの対応

競技者がなかなか競技を始めようとしない場合、手のひらを内側にして両手を近づけるような動作をして「プレイ」と宣告する

レッドカードの提示

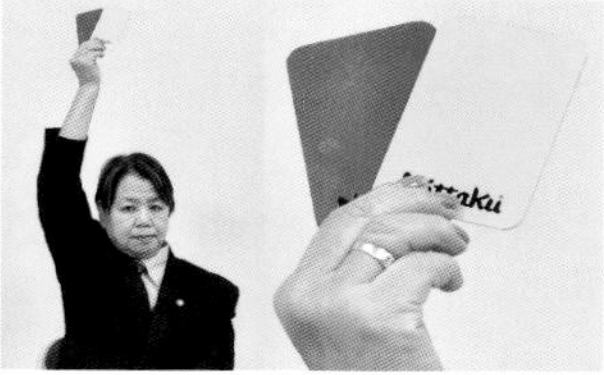

「バッドマナー」が繰り返された場合、イエローカードとレッドカードを同時に提示し、相手選手に１ポイントを与える

イエローカードの提示

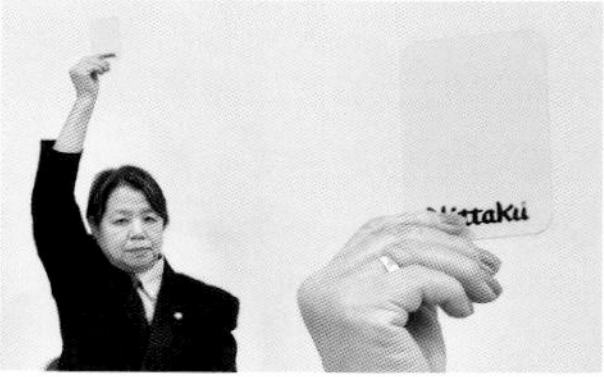

競技者またはベンチ側に「バッドマナー」があった時に、審判席に着席したままイエローカードを提示し、警告する

タイムアウトの宣告

白地に「T」と書かれたカードを提示する。タイムアウト中は台上に「T」と書かれたカードを置いておく

マッチ終了時の宣告

マッチ終了時は、勝者側に向かって、やや斜め上方に手を差し伸べる

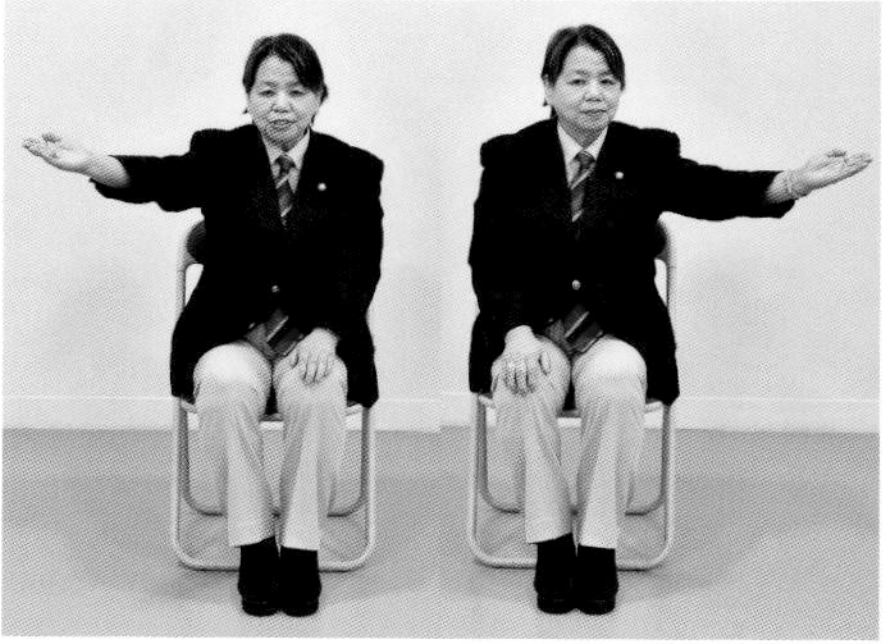

国内大会とは異なり、国際大会ではしばしば審判員と選手の間で意思疎通が不十分なことから、特にサービスミスについての審判員の判定で試合中にトラブルが発生することがあります。そこで、国際卓球連盟では主なサービスミスの判定についての審判ジェスチャーが定められていますので参考にしてみてください。

※このジェスチャーの適用は、日本国内ではまだ義務化されたものとはなっていません。オリンピックでは採用されます。

Palm not opened

(パーム　ノット　オープンドゥ)

ボールを乗せている手のひらが開いていません

Not high enough

(ノット　ハイ　イナッフ)

ボールが16cm以上上がっていません

Ball resting on the fingers

(ボール　レスティング　オン　ザ　フィンガーズ)

ボールが手のひらではなく、指に乗せられていました

Inside the end line

(インサイド　ザ　エンドライン)

ボールがエンドラインの内側に入っていました

Below the playing surface

(ビロー　ザ　プレーイング　サーフェス)

ボールがテーブル表面より低い位置に下がっていました

ビデオ判定の採用

Tリーグでもビデオ判定が試験採用されるとのことですが、担当審判員には、正しく公平な判定をお願いしたいです。テレビ観戦で応援してくれる卓球ファンはもとより、会場まで足を運んでくれたファンへのサービスとして誰もが納得する判定は、スポーツを運営する側の責任でもあります。

ボールが肩（頭、ヒジ）で隠され、一瞬相手に見えなくされていました

※ジェスチャーは、最初に胸に手を当て、引き続いてもう一方の手を、隠した部位を示します

Hidden by ……

(ヒドゥン バイ……)

Head

(ヘッド)

Shoulder

(ショルダー)

Elbow

(エルボー)

Not vertically

(ノット　ヴァーティカリ)

ボールが垂直に投げ上げられていません

主審または副審の前に置かれる

状況に応じて表示を変えていく

カウント器は主審または副審の前に置かれます。試合前や、競技者の到着、試合開始時によって、カウント器の表示を変えていきます（各写真参照）。ゲームが終了しても、カウント器のスコアはすぐに変更せず、最後のポイントのままにしておきます。そして、そのままにしたスコアは、次のゲームで、競技者がテーブルに戻る直前にポイントスコアを何もない状態にし、ゲームスコアは今終わった試合結果を示すようにして再開します。

カウント器のめくり方

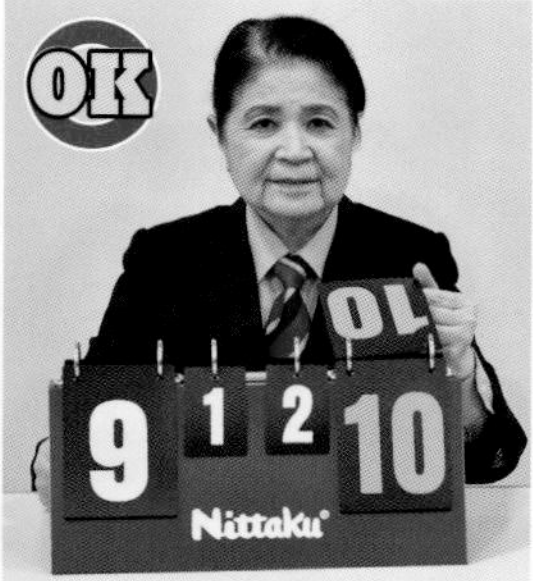

カウント器は「後ろから前に」めくるのが基本。「前から後ろ」だと、手が邪魔になったり、曲がってしまう

どちらかが5本先取し、チェンジエンドのときに、カウント器をひっくり返す人がいるが、「前から後ろ」にめくることになるのでやめよう

POINT!

カウント器は観客から見えにくいので、サービス交代時などに見えやすいように持ち上げるか、水平に回転すると親切

①両選手が揃っていない

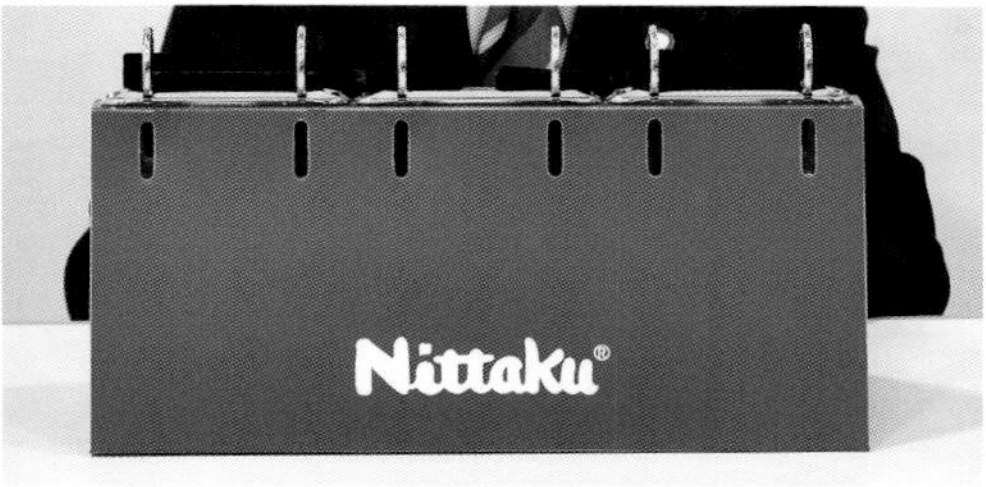

両競技者が、競技領域に到着する前は何も示さない状態にしておく

②両選手がコートに到着した

両競技者が到着しコートに入ったら、ゲームスコアの表示を「0-0」にする

③「ラブオール」と宣告したとき

主審が「ラブオール」を宣告したらポイントスコアを「0-0」にする

④1ゲーム終了時

ゲーム終了後もゲームスコアをすぐに変更せずに、しばらく最後のポイントを示したままにする

⑤次のゲーム開始直前

次のゲームのために競技者がコートに戻る直前、ポイントスコアを何もない状態にし、ゲームスコアを前ゲームの結果を反映させたものに変える。コートチェンジのため表示は左右逆に

⑥次のゲーム0-0

主審が次のゲームの「ラブオール」を宣告したら、ポイントスコアを「0-0」にする

⑦マッチ終了時

マッチ終了時は、最後のポイントスコアと前のゲームスコアを表示したままにしておく

※表示では、右側の選手がゲームカウント３－１で勝ったことを示している

ホワイトカードは卓球台の中央とカウント器の横に表示

試合中に、どちらかがタイムアウトをとったときは、カウント器の横にTの「ホワイトカード」を置く。バッドマナーのときの「イエローカード」なども同じ

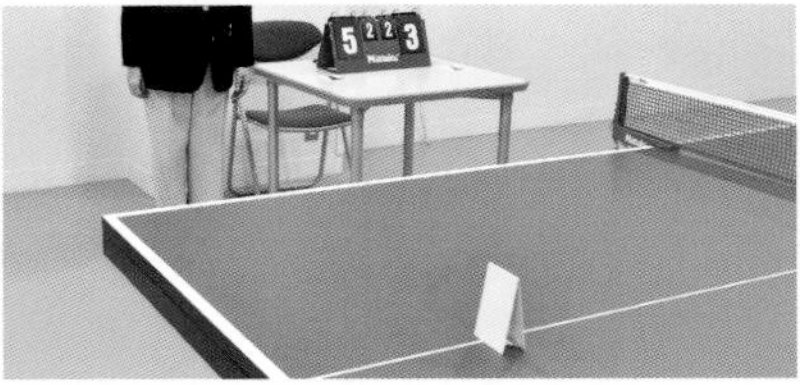

タイムアウトをとったときは、カウント器の横にホワイトカードを置き、加えて卓球台の上にも表示する

審判員が持つ必要がある道具一式

イエローカード・レッドカード・ホワイトカード

競技者が、違反をした際に警告するときに提示する。ホワイトカードはタイムアウトのときに提示

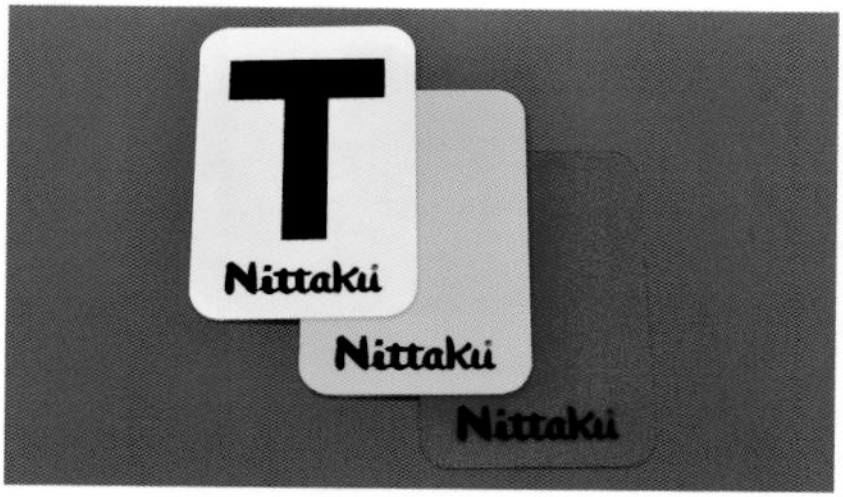

ストップウォッチ

主に副審が、試合時間や休憩時間などを計測するために使用する

ネットハイ

ネットの"高さ"をチェックする。15.25cm (→29ページ)

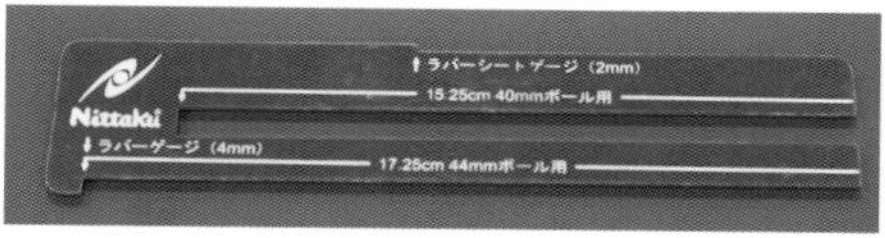

テンションゲージ

ネットの"張り"をチェックする。100グラム、14.25cm (→29ページ)

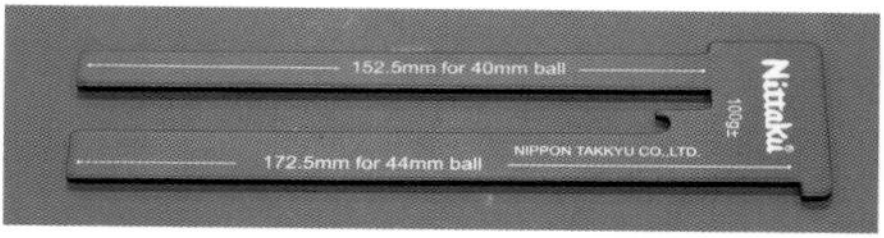

水準器

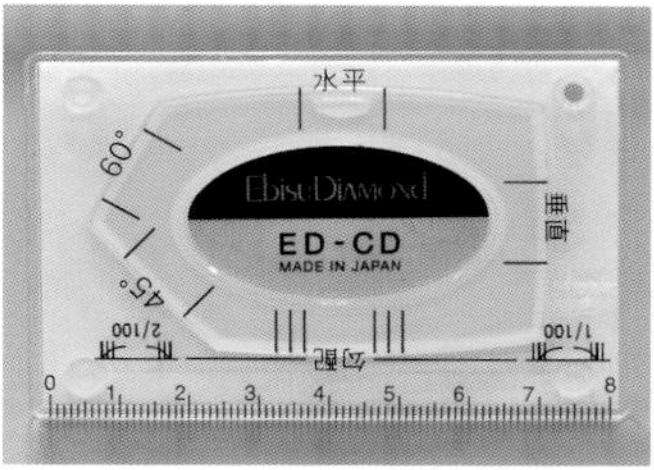

卓球台が水平になっているかを測るときに使用する

トスコイン

国際大会では、ジャンケンの代わりにコインを使用する。日本の大会の場合は使用しない

公認審判員証と公認バッジ

公認審判員の資格を得ると与えられる

審判員の服装

- 国内では、ルール審判委員会がこれまで審判員の推奨服装を赤のジャケット・ベージュのズボン・スカートと定めていた。しかし、現在では、紺のジャケットの使用を推奨している
- 競技場が非常に高温の条件下である場合や、寒い場合はTシャツやセーターなどを着用する場合もあるが、その場合も審判員はだらしなく着ないで、色を揃えるなど、可能な限り全員が同じ服装を着用すること

column

審判員のジェスチャーのルーツ

ある国際審判員のわかりやすい判定から生まれた

今では審判員がジェスチャーをするのが当たり前になっていますが、このジェスチャーが日本で行われた試合から始まって世界標準になったということをご存知でしょうか。キッカケは、1980年に東京で「第4回アジア・アフリカ・ラテンアメリカ3A国際卓球選手権大会」が開催されたとき、海外から招待したペルーのルーベン・カイリーという国際審判員の判定ジェスチャーでした。彼は両手を巧みに使ったジェスチャーを交えて、誰もがわかりやすい判定をしていたのです。観客はもとより、選手たちにもこのジェスチャーが評判になりました。大会終了後、関係者がこれを研究し、「主審のジェスチャー」としてまとめ、まず関東学生卓球連盟のリーグ戦で試験的に取り入れました。さらに、「卓球競技の審判法」という冊子の中で紹介し、全国に徹底することを決めました。

この日本のジェスチャーは、国際卓球連盟も大いに関心を持ち、ついに国際ルールにも取り入れられるようになったのです。

ミスター・ジェスチャーであるルーベン・カイリーさんは、その後アメリカに移住され、80歳を超えてもUSオープンなどで国際審判員として大いに活躍されていましたが、残念ながら2017年に他界されました。

PART 6

ラージボールのルール

レクリエーション以外に競技中心の取り組みも

ラリーが続きやすい初心者や高齢者でも楽しめる

ラージボールとは卓球の普及策の一環として、初心者でも、高齢者でも、レクリエーションとして楽しむことができるように、日本卓球協会が独自に考案して、１９８８年からスタートした新しい卓球です。ラージボールに対して、通常の卓球のことは「硬式卓球」と呼ばれています。

全国ラージボール競技大会を含めた「ラージボールの競技性」の高まりから、レクリエーションに留まらず、競技中心での取り組みも主流となっているため、それに見合ったルール改定が実施されました。

ラージボールの特徴

①ボール径が10％大きく ボール重量が10％軽い

②ネットが高い

③回転の少ない表ソフトラバーのみを使用

↓

ラリーが続きやすいので、レクリエーションとして楽しめる

ラージボールのレクリエーションルールと競技大会ルール

<table>
<tr><th></th><th>「レクリエーション」ルール</th><th>「競技大会」ルール</th></tr>
<tr><td>①ルールの適用場面</td><td>レクリエーション卓球</td><td>競技大会で適用</td></tr>
<tr><td>②ユニフォーム</td><td>JTTAの公認マークがついているものであれば何を着ても自由。
チーム内、ダブルス内で異なっていても構わない。</td><td>ボールの色と明らかに異なるJTTAの公認マークがついているものを着用。
チーム内、ダブルス内で異なっていても構わない。</td></tr>
<tr><td rowspan="2">③試合</td><td colspan="2">1マッチ3ゲームで構成。
2ゲーム先取したほうが勝ち</td></tr>
<tr><td colspan="2">各ゲームは、11ポイント先取したほうが勝ち</td></tr>
<tr><td>④10−10になった場合</td><td>先に2ポイント
リードしたほうが勝ち</td><td rowspan="2">先に2ポイント
リードしたほうが勝ち</td></tr>
<tr><td>⑤12−12になった場合</td><td>先に13ポイントを
取ったほうが勝ち</td></tr>
<tr><td>⑥促進ルールの適用</td><td colspan="2">試合開始後、8分経過したら適用</td></tr>
<tr><td rowspan="2">⑦サービス動作</td><td>ボールを投げ上げる前にフリーハンドをいったん停止する</td><td>ボールを投げ上げる前にフリーハンドを2〜3秒停止する</td></tr>
<tr><td>ボールが投げ上げられたことが確認できるようにし、落下点を打球する。</td><td>ボールを16cm以上ほぼ垂直に投げ上げ、落下点を打球する。</td></tr>
</table>

大きく軽いボールのため
ラリーが続けやすい

ボールに回転がかかりづらい

ラージボールで使用するボールは、硬式卓球よりも1割ほど大きい直径44㎜、そして、1割ほど軽いものを使います。そのため、ボールに回転がかかりにくくなっており、スピードがゆっくりになるので、ラリーを続けやすくなるのが特徴です。ボールの色はオレンジ色のみになります。

また、ラケット本体は硬式卓球と同じですが、ラバーはスポンジ部分を含んで厚さが4.0㎜以下の「表ソフト」しか使用することができません。変化球の出やすいツブ高の表ソフトラバーの使用は禁止されています。

ボールの規格

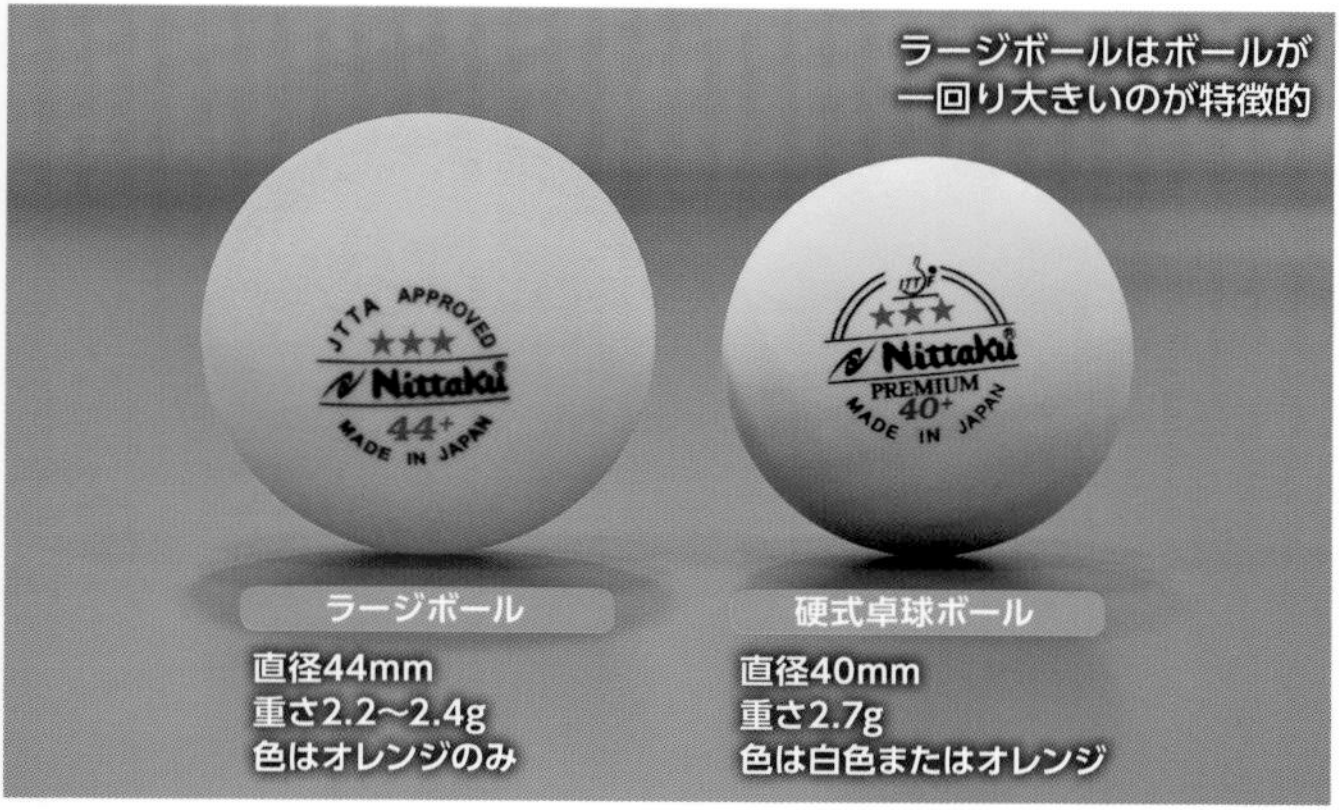

ラケットの特徴

ラケットは基本的に硬式卓球と違いはないが、ラージボール用に適したラケットも市販されている

ラバー

ラバーは表ソフトのみで、スポンジ部分を含んで4.0mm以下の厚みのものを使用する

変化球の出やすいツブ高の表ソフトラバーは禁止

POINT!

両面にラバーを貼る場合は、それらの色は一方が赤、他方が黒でなくてはならない。また、一面だけにラバーを貼る場合には、反対側の木質生地部分の色はラバーの色と異なるように赤または黒とする

ネットの高さは硬式に比べて2cm高く17.25cmに

ネットを2cm高くすることで、意識的にボールのスピードが遅くなりやすく、ラリーも続きやすい

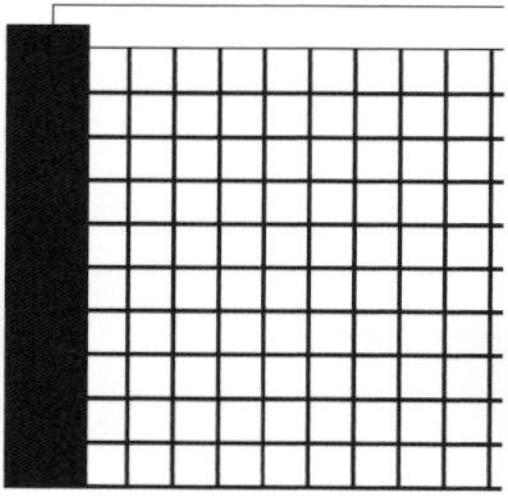

ラージボールのネット

高さ▶17.25cm

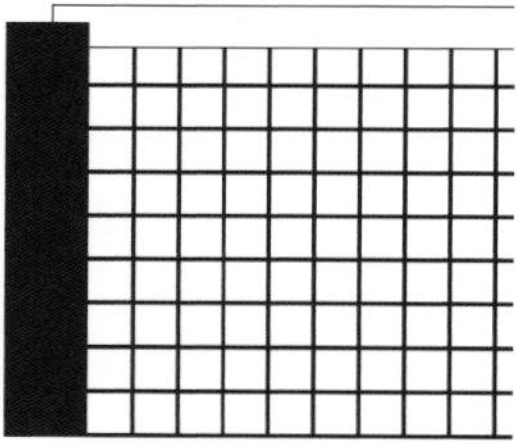

硬式卓球のネット

高さ▶15.25cm

ユニフォームのデザインはチーム内で異なっていてもOK

ユニフォームは公認マークがついていて明らかにボールの色と異なる色のものであれば、何を着ても自由。ダブルスや団体戦のときも、チームで異なるデザインのユニフォームを着ても構わない

競技領域は硬式と比べて狭くてもよい

**競技領域は硬式卓球（長さ14m、幅7m以上）よりも
狭くてもよく、長さ10m、幅5m以上とされている**

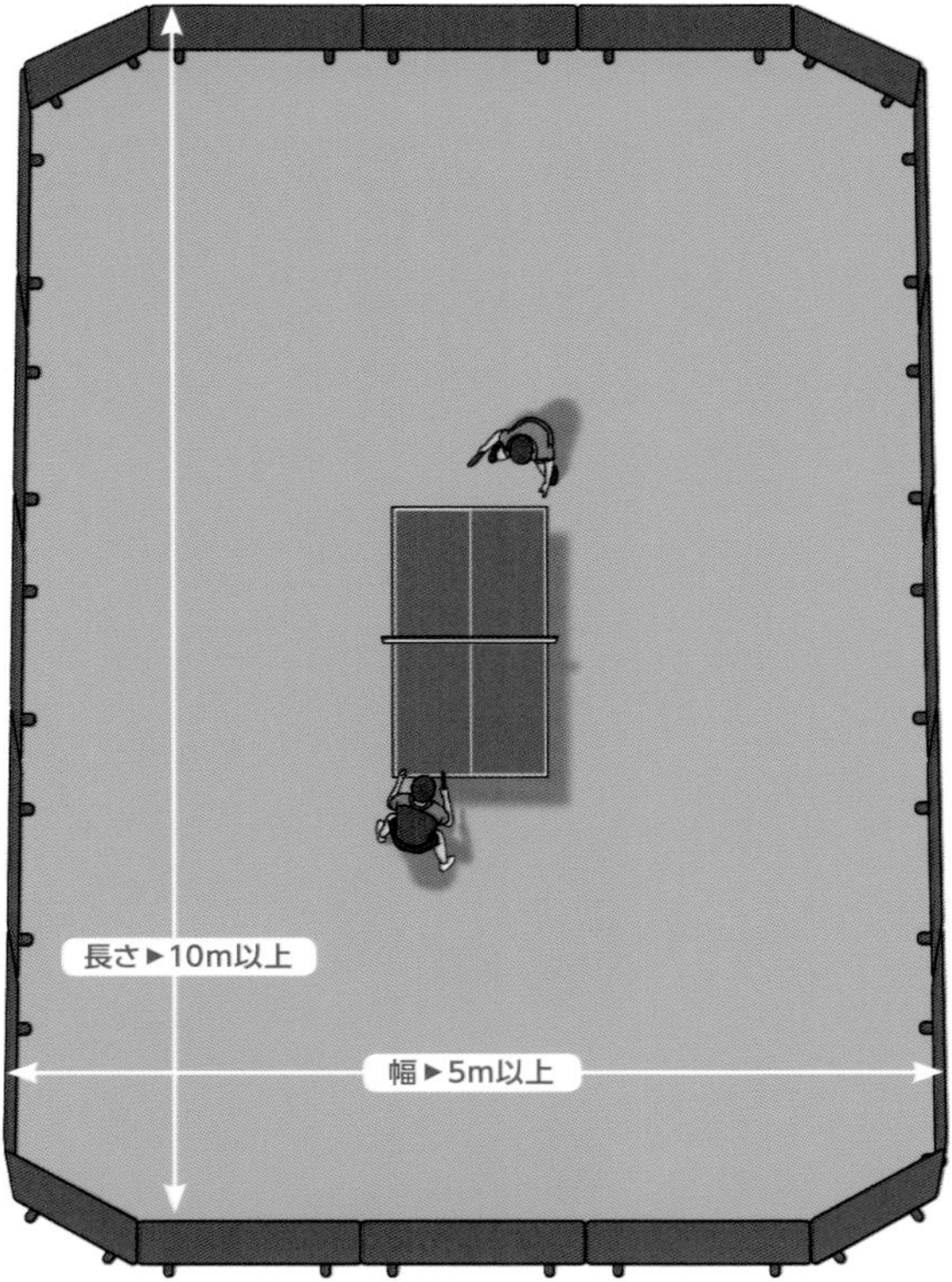

ラージボールは1マッチ3ゲームで構成される

2ゲーム先取で勝ちとなる

ラージボールは1マッチ3ゲームの構成です。そして勝敗は2ゲーム先取した競技者またはペアが勝ちとなります。1ゲームの勝敗は、硬式卓球と同じように11ポイント先取で決まります。両者のポイントが10ー10になったときは、先に2ポイントリードしたほうが勝ちになります。12ー12になったときは、レクリエーションルールでは先に13点目を取ったほうが勝利です。

また、促進ルールは、硬式卓球と異なり、10分ではなく8分が経過したときに適用されます。

硬式卓球よりも競技方法がシンプルなラージボール。現在、全国大会も開かれ、多くの人々に親しまれている

ラージボールの競技方法

①1マッチは3ゲームで構成される

②1ゲームは11点先取で勝ちとなる

③10-10になったとき先に2ポイントリードすると勝ちになる

④12-12になったときは、レクリエーションルールでは先に13点目を取ったほうが勝ちとなる
競技大会ルールでは、どちらかが2点リードするまで競技を続け、勝敗を決める

⑤促進ルールは試合開始後8分が経過するか、両方の競技者またはペアから要請があったときに適用される

※その他、基本的なルールに関しては、現行の硬式卓球のルールに準ずる

競技とレクリエーションでサービスのルールが違う

競技大会ルールでは16㎝より高く投げ上げる

競技大会で適用されるサービスルールは硬式卓球と同様に、投げ上げるときにいったん静止し、それから16㎝より高い位置に上げることが規定されました。レクリエーションルールではこれまで通り、落下が確認できる高さに上げればOKです。サービス開始から打球するまではボールはエンドラインより後方で、かつプレーイングサーフェスより高い位置にあるようにします。サービスで打球したボールは、自分側のコートにバウンドさせたあと、ネットに触れず相手コートに入れます。

レクリエーションルールの場合

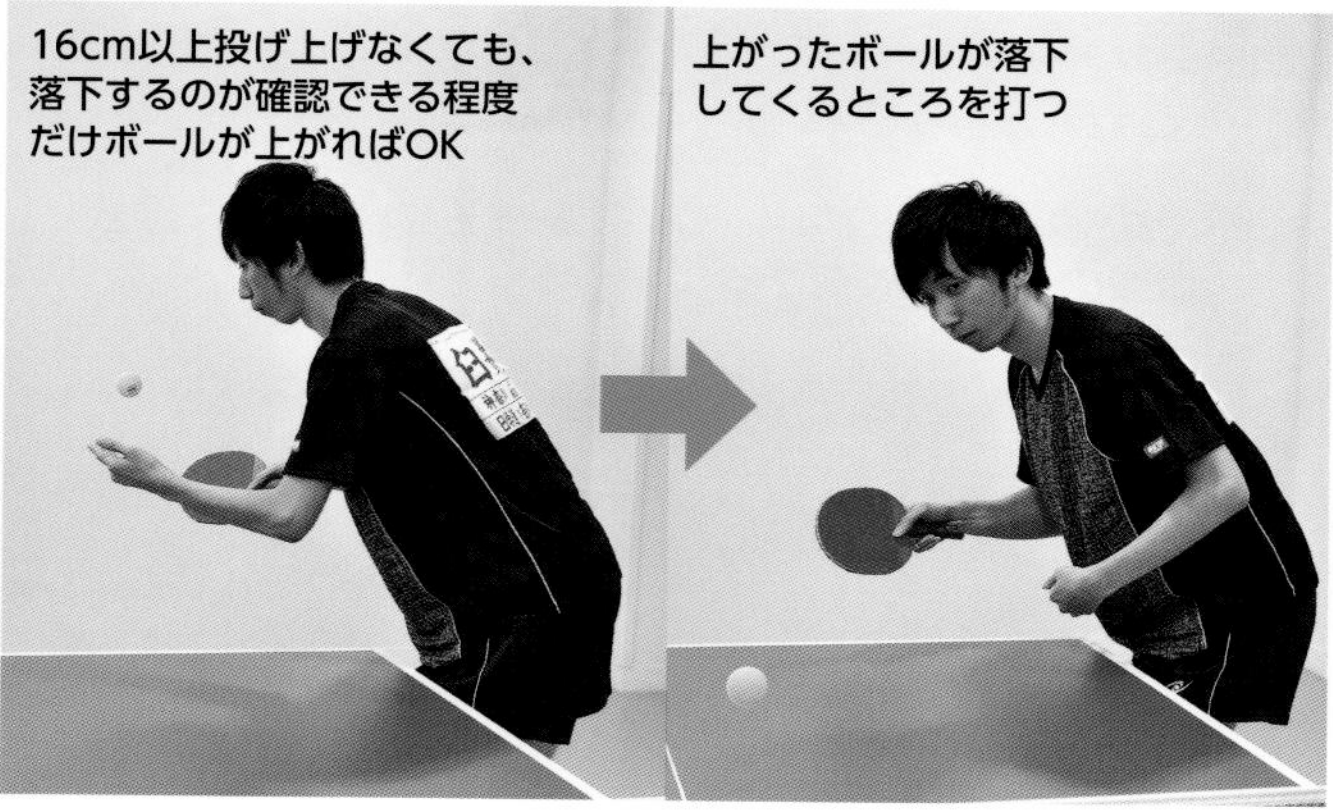
16cm以上投げ上げなくても、
落下するのが確認できる程度
だけボールが上がればOK
上がったボールが落下
してくるところを打つ

ラージボール競技大会ルール適用の場合

手のひらの上で、2～
3秒静止してから、真
上に16㎝より高い位
置に投げ上げる

ボールが落下してくる
ところを打つ

トーナメントは1回戦の数が2の累乗になるのが基本

トーナメントの組み合わせ方

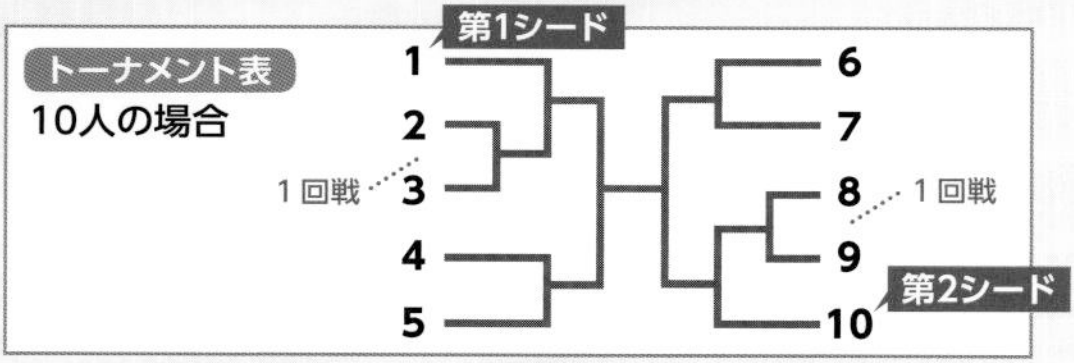

①トーナメント戦は、1回戦の数が2の累乗になることが基本

②参加者数が2の累乗ではない場合、参加者数を2で割り、割り切れない場合は、上の表のように奇数のほうを上位シード者側へ、偶数のほうを下位シード者側に割り振り、さらに2で割りながらこの作業を繰り返し、トーナメント表を作成する

③トーナメント表の作り方の他、決められた位置数が参加選手の数より多い場合は、1回戦にBye（選手名が入っていない空位置）を設ける（その位置は上位シード者に近い位置になるべく均等になるように振り分ける）方法もある

シードの組み合わせ方

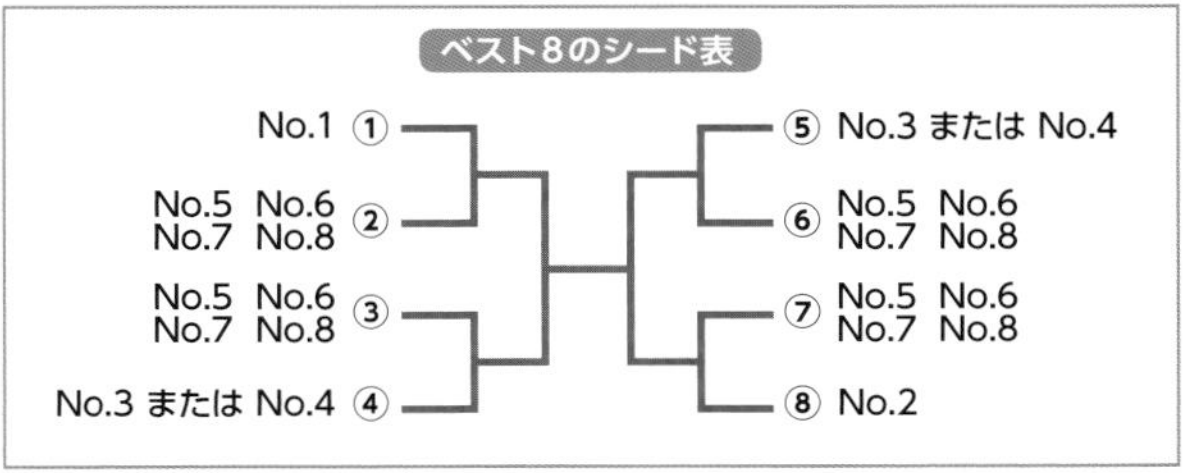

①シードとは、実力のある選手同士が、早い段階で対戦することがないように、組み合わせを行う前に上位選手を選んでおくこと

②ベスト８のシードを例にすると、第１位の者はトーナメントの①の位置に、第２位の者は⑧の位置に自動的に割り振られ、第３位と第４位は抽選で④か⑤の位置に、第５位から第８位までは抽選で、それぞれ②③⑥⑦の位置に割り振られる。なお、この時同じ所属の者は左右上下均等に割り振られるように配慮しながら抽選する

試合得点が多いほうが上位になる

勝敗の決め方

①試合得点は「勝ち」が2点(不戦勝も含む)、「負け」が1点、「不戦敗」が0点になる

②試合得点が多いほうが上位になる

③試合得点が同一の場合は、同一の者だけで、再度試合得点を算出する

④試合得点では順位が決められない場合は、試合得点が同一の者同士の試合だけについて以下の手順に従って順位を決定する

⑤総勝ちゲーム数÷総負けゲーム数の比率、さらに総得点数÷総失点数の比率を算出。ただし、団体戦の場合は、はじめに勝ちマッチ数÷負けマッチ数の比率を計算。2者が同じになったら、その時点で、その両者の対戦結果で順位を決める

リーグ戦の勝敗の決め方

	A	B	C	D	E	勝/負	試合得点①	試合得点②	試合得点③	順位
A		3-2	3-0	L W/O	3-1	3/1	6	4	4	2
B	2-3		1-3	3-0	3-0	2/2	6	4	2	4
C	0-3	3-1		2-3	3-0	2/2	6	4	3	3
D	W W/O	0-3	3-2		0-3	2/2	6	5		1
E	1-3	0-3	0-3	3-0		1/3	5			5

W W/O :不戦勝　L W/O :不戦敗

個人戦の場合

AからEの選手の試合得点①を集計した結果、A・B・C・Dが6点と同一になった。この場合、4人だけで再度試合得点②の計算が行われる

2回目の計算の結果、今度はA・B・Cが同一のため、さらに3人だけで試合得点③の計算が行われ、順位が確定した

索引

ア行

カ行

サ行

タ行

索引

マ行

ヤ行

ラ行

監修

白川 誠之（しらかわ　のぶゆき）

1943年2月26日生まれ
千葉大学工学部卒業。国際卓球連盟（ITTF）用具委員会委員、国際レフェリー、（財）日本卓球協会にて常務理事、事務局長、ルール審判委員長、用具委員長を歴任し名誉レフェリー。現在は、（公財）日本卓球協会参与で、東京都卓球連盟顧問を務める

1991年世界選手権（千葉）審判長代理
1994年アジア競技大会（広島）審判長
1997年世界選手権（マンチェスター）審判長代理
1998年世界ベテラン選手権（マンチェスター）審判長代理
2000年世界ベテラン選手権（バンクーバー）審判長代理
2004年オリンピック（アテネ）競技役員
2008年オリンピック（北京）競技役員

協力

日本卓球株式会社(Nittaku)

http://www.nittaku.com
1920年9月創業、1947年7月15日設立。
卓球用品を総合的に製造販売。卓球ボールをはじめ、ラバー、ラケット、卓球台、ウェア、シューズ等の企画並びに品質は非常に高く、特に卓球ボールについては、最高の品質と世界から絶賛されている。卓球を通して、健全な精神と健全な身体を創造するのに役立つことを願い、また、地域交流を図り、親善友好、平和に貢献するよう努めている。

モデル

審判

臼井 豊央
（うすい　れお）

神奈川大学 卓球部

大前ケイ子
（おおまえ　けいこ）

国際審判員・ブルーバッジ

2000年パラリンピック（シドニー）審判員
2020年パラリンピック（東京）審判員

平池征子
（ひらいけ　ゆきこ）

国際審判員・ブルーバッジ

2004年オリンピック（アテネ）審判員

わかりやすい卓球のルール

2020年 1 月10日発行

監　修　白《しら》川《かわ》誠《のぶ》之《ゆき》

発行者　深見公子

発行所　成美堂出版

〒162-8445　東京都新宿区新小川町1-7

電話(03)5206-8151　FAX(03)5206-8159

印　刷　大日本印刷株式会社

ISBN978-4-415-32772-3

落丁･乱丁などの不良本はお取り替えします

定価はカバーに表示してあります